SÉRIE SUCESSO PROFISSIONAL

COMO PREPARAR UM BOM CU…

SIMON HOWARD

PUBLIFOLHA

UM LIVRO DORLING KINDERSLEY
www.dk.com

PUBLIFOLHA
Divisão de Publicações do Grupo Folha

Av. Dr. Vieira de Carvalho, 40, 11º andar, CEP 01210-010, São Paulo, SP. Tel.: (11) 3351-6341/6342/6343/6344
Site: www.publifolha.com.br

Os leitores interessados em fazer sugestões podem escrever para Publifolha no endereço acima, enviar um fax para (11) 3351-6330 ou um e-mail para publifolha@publifolha.com.br

Coordenação de Projeto
Publifolha
Assistência Editorial: Cláudia Ribeiro Mesquita
Coordenação de Produção Gráfica: Marcio Soares
Assistência de Produção Gráfica: Soraia Pauli Scarpa

Produção Editorial
AF Comunicações
Edição Final: Adriana Salles Gomes e Fernando Moreira Leal
Edição de Texto: Silvio Fudissaku
Tradução: Rosemarie Ziegelmeier
Revisão Ortográfica: Marcia Menin
Consultoria Técnica: Valéria Macedo Vironda

Produção Gráfica
Adesign
Direção de Arte: Carin Ades
Coordenação: Luciana Rodrigues
Assistente: Silvana Braz

Dorling Kindersley
Editora do Projeto: Gwen Edmonds
Editora de Projeto de Arte: Laura Watson
Designer de DTP: Jason Little
Produção: Silvia La Greca
Editora Sênior: Adèle Hayward
Designer Sênior: Tassy King
Gerentes Editoriais: Stephanie Jackson, Jonathan Metcalf
Gerente de Edição de Arte: Nigel Duffield

Fotolitos fornecidos pela Publifolha
Impresso na Donnelley Cochrane – Brasil
em outubro de 2001

SUMÁRIO

4 INTRODUÇÃO

O PLANEJAMENTO DO CURRÍCULO

6 O QUE É UM CURRÍCULO?
8 ESTABELEÇA OBJETIVOS
10 COMO PROCURAR EMPREGO
12 COMO ESCOLHER ESTRATÉGIAS DE AÇÃO
14 DIRECIONE SEU CURRÍCULO
16 CONHEÇA O LEQUE DE HABILIDADES
18 IDENTIFIQUE SUAS HABILIDADES

A Elaboração do Currículo

20 Como Preparar o Texto

22 Como se Descrever

26 Como Apresentar suas Qualificações

28 Enfatize sua Experiência

30 Como Descrever sua Experiência

34 Capriche na Apresentação

36 Revise seu Currículo

A Adaptação do Currículo

38 "Molde" seu Currículo

40 Como Buscar o Primeiro Emprego

42 Como Fazer a Primeira Troca de Emprego

44 Como Trocar de Emprego ao Longo da Carreira

46 Como Alterar o Rumo da Carreira

48 Como Voltar ao Mercado

O Uso Eficaz do Currículo

50 Como Responder a Anúncios de Emprego

54 Como Contatar Firmas de Recrutamento

58 Como Sondar Vagas

62 Como Usar a Internet

64 Como Organizar a Busca do Emprego

66 Teste suas Habilidades

68 Analise seu Perfil

70 Índice

72 Agradecimentos

INTRODUÇÃO

Vive-se uma época em que cada um de nós é, cada vez mais, responsável pelo desenvolvimento da própria carreira. Num mundo profissional em constante mutação, o curriculum vitae *permanece como passaporte para novas e melhores oportunidades.* Como Preparar um Bom Currículo *ensina a planejar, criar e utilizar um currículo. Dividido em quatro partes* –O Planejamento do Currículo, A Elaboração do Currículo, A Adaptação do Currículo *e* O Uso Eficaz do Currículo–, *o livro é útil para profissionais em qualquer fase da carreira. Ao longo do texto, em destaque, 101 dicas sob medida para quem busca uma colocação no mercado de trabalho. E mais: teste exclusivo para o leitor avaliar suas habilidades e analisar seu perfil profissional.*

O PLANEJAMENTO DO CURRÍCULO

O currículo é um breve relato, não uma autobiografia. Ao informar suas habilidades e experiências anteriores, tem por objetivo ajudá-lo a crescer na carreira profissional.

O QUE É UM CURRÍCULO?

Antes de começar a elaborar seu currículo, é preciso se familiarizar com algumas regras básicas. Cada pessoa é única, e por isso nenhum currículo é igual a outro. Porém, os princípios que norteiam uma boa apresentação valem para todos.

1 Tenha uma postura positiva em relação a si mesmo.

DEFINIÇÃO

Curriculum vitae (literalmente, "curso da vida") é o termo mais usado na Europa e no Brasil. Nos Estados Unidos, em geral adota-se a designação "*résumé*". A idéia é informar os dados necessários para que empregadores ou *headhunters* se interessem por você. Existem diversos tipos de currículo e você deve identificar qual o mais adequado para seu caso. Seu objetivo é produzir um currículo que o leve adiante no processo seletivo. O próximo passo pode ser uma conversa informal, uma entrevista por telefone ou uma entrevista formal.

DIFERENÇAS CULTURAIS

As regras sobre currículos mudam de acordo com o país. Nos EUA, costuma-se usar currículos de uma página, enquanto na Europa são comuns currículos com quatro ou cinco páginas, ricas em detalhes sobre qualificação profissional e formação. No Brasil se acostumou com o padão dos EUA.

PRINCIPAIS TIPOS DE CURRÍCULO

TIPO	CASO
CRONOLÓGICO Lista seu histórico profissional a partir da atualidade.	Funciona mais quando você se candidata a trabalhos na mesma área de atuação, pois demonstra uma clara progressão na carreira.
FUNCIONAL Destaca suas principais habilidades em vez de realçar a trajetória profissional.	Mais adequado para a busca do primeiro emprego e para quem deseja mudar o rumo da carreira. Enfatiza suas habilidades, e não sua trajetória.
DE UMA PÁGINA Resume sua carreira e ressalta progressos.	Ideal para gerentes graduados ou para quem prefere trabalho temporário ou free-lancer. Pode ser solicitado por *headhunters* ou empregadores.

DOCUMENTO DE APRESENTAÇÃO

O principal objetivo do currículo deve ser o de destacar seu valor para um potencial empregador, ajudando você a "se vender". Caso se limite a listar sua trajetória profissional, você deixará de expor atributos e habilidades que podem ser importantes. Seu currículo deve apresentá-lo. Lembre-se de currículos que chamaram sua atenção: eles tinham boa apresentação visual, eram sucintos e de fácil compreensão. Seu currículo deve reunir todas essas qualidades. Se contar com boa apresentação e não tiver erros, o documento revelará muito sobre sua motivação e seus objetivos.

▲ ENTREVISTA
Em geral, o objetivo do currículo é despertar o interesse do empregador para seu nome. Caso você seja chamado para uma entrevista, seu currículo cumpriu o papel desejado.

2 Reserve tempo para preparar seu currículo. Ele não pode ser feito em uma tarde.

ESTABELEÇA OBJETIVOS

Quanto mais direcionados forem seus objetivos, mais chance de sucesso terá seu currículo. Identifique os itens que julga gratificantes –isso facilita a definição das metas profissionais. Em seguida, avalie sua situação atual e o ponto a que quer chegar.

3 Lembre-se: suas metas profissionais não são iguais às de outras pessoas.

4 Aprenda com as experiências e use as lições no futuro.

ANALISE A CARREIRA

Cada pessoa tem expectativas profissionais próprias. Para alguns, o objetivo está em ser promovido e atuar em cargos mais importantes. Para outros, a meta é conciliar o trabalho com um estilo específico de vida. Sejam quais forem as prioridades, sua carreira provavelmente já passou por altos e baixos. Identifique essas oscilações e avalie o progresso que ocorreu paralelamente ao acúmulo de experiências.

LIÇÕES DA EXPERIÊNCIA ▼

Faça um quadro para avaliar os momentos de sua carreira. O resultado o ajudará a definir o que você espera do novo trabalho.

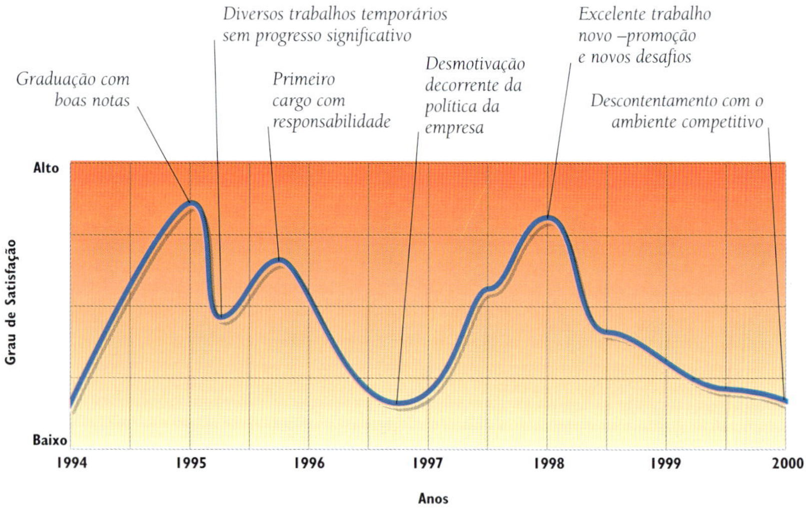

DEFINA AS PRIORIDADES

Aprender com as experiências é importante para quem quer crescer na carreira. A análise sobre os altos e baixos ajuda a identificar pontos de sua experiência que terão de ser desenvolvidos no futuro. Alguns itens podem se relacionar diretamente com o trabalho, como a promoção a um cargo de chefia ou a localização da empresa. Outros talvez sejam mais sutis, como a adequação à cultura da equipe. Depois de identificar tais pontos, estabeleça quais são essenciais e quais precisam ser desenvolvidos: cabe a você definir as prioridades. Faça uma lista de objetivos e deixe claro se estiver aberto a mais de uma opção.

5 Esteja preparado para rever seus objetivos.

6 Seja otimista em relação a conquistas futuras.

LISTA DE OBJETIVOS ▶

Só você pode decidir quais objetivos são essenciais (aqueles que o novo trabalho realmente deve oferecer) e quais são somente desejáveis.

Seja claro ao definir o que de fato é essencial

Lembre-se de que os objetivos pessoais mudam de acordo com o estágio de sua vida profissional

ESSENCIAL	DESEJÁVEL
Trabalho: *Subordinação à diretoria. Autonomia de orçamento. Equipe de oito pessoas.*	***Trabalho:*** *Envolvimento na abertura de novos negócios. Treinamento em tecnologias de ponta.*
Vida pessoal: *Tempo de deslocamento de no máximo 30 minutos. Finais de semana livres.*	***Vida pessoal:*** *Local de trabalho próximo de lojas e restaurantes. Flexibilidade no horário de trabalho.*

7 Identifique os objetivos profissionais de longo prazo e defina sua meta.

CERTO E ERRADO

✔ Consulte currículos de amigos e colegas.

✔ Seja honesto sobre os aspectos do trabalho que não aprecia.

✔ Converse com os colegas sobre as metas profissionais deles.

✗ Não estabeleça metas impossíveis –você vai se desapontar.

✗ Não subestime seu conhecimento e suas conquistas.

✗ Não estabeleça objetivos negativos.

Como Procurar Emprego

Antes de iniciar a busca de emprego, convém conhecer os meios possíveis. Existem quatro possibilidades básicas –e é importante não depender demais de apenas uma delas, mas sim explorar o que cada método pode proporcionar a você.

8 Se possível, envie o currículo em nome de uma pessoa em específico.

9 Ao responder a um anúncio, indique o código ou a referência.

Resposta a Anúncios de Emprego

Os empregadores e as empresas de recrutamento publicam milhares de anúncios todos os anos, buscando profissionais por meio de jornais, revistas, publicações específicas, eventos do setor e pela Internet. Por ser um canal muito acessível, o anúncio atrai grande concorrência para a vaga oferecida. Ao anunciar, porém, o empregador deixa claro que está realmente determinado a contratar.

Empresas de Recrutamento

Em geral, as empresas de recrutamento procuram profissionais para preencher uma vaga –e não vagas para quem busca trabalho. Sua função é localizar candidatos e encaminhá-los à seleção final. Como regra, essas empresas se dividem em dois tipos, de acordo com o serviço que oferecem. De um lado estão as firmas de recrutamento e seleção, às vezes voltadas para um setor profissional específico, como o financeiro, por exemplo. Outra modalidade são as empresas de busca e seleção conhecidas como *headhunters*, especializadas em recrutar profissionais de alto nível para cargos específicos. Na hora de procurar emprego, vale estar atento a ambas as possibilidades.

PASSO A PASSO

1. Observe se os anúncios de seu interesse costumam ser publicados em um dia específico.
2. Procure sites de recrutamento na Internet.
3. Peça a seus colegas que recomendem algumas consultorias ou agências.
4. Fique atento a eventos de sua área de atuação.
5. Acompanhe pela imprensa os passos de empresas em processo de expansão.

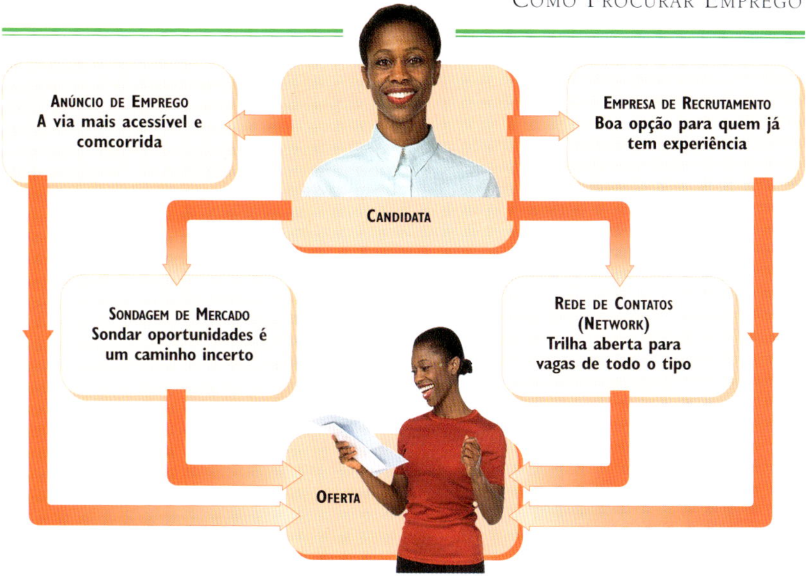

▲ AVALIE AS ROTAS

Quaisquer que sejam sua experiência e ambições, considere todas as quatro rotas –uma delas vai dar no novo emprego.

10 Seja metódico: a busca por trabalho pode levar meses.

Sondagem de Oportunidades

Os departamentos de recursos humanos das empresas recebem muitos candidatos para um número limitado de vagas. Porém, se você está certo do que deseja e sabe quem pode ajudá-lo, um contato direto com o empregador pode dar certo. O segredo é fazer uma proposta clara para a pessoa certa. No mínimo, a empresa vai cadastrar seu nome –mas fique atento aos anúncios que ela publicar.

Rede de Contatos

Alguém de suas relações certamente conhece alguma pessoa que pode ajudá-lo a achar seu emprego. Para ser eficiente, a rede de contatos (*network*) exige esforços –é preciso conversar e informar às pessoas que se está em busca de uma vaga. O processo pode demorar, mas é uma boa pedida para quem está começando ou para aqueles que voltam ao mercado de trabalho.

11 Se preciso, peça discrição a outras pessoas quanto à busca de emprego.

Como Escolher Estratégias de Ação

Infelizmente, quando se busca um novo emprego, é impossível fazer apenas um documento e esperar que ele sirva para tudo. O ideal é criar um currículo para atender às demandas específicas de cada anúncio ou empresa de recrutamento.

12 Pense sempre em quem será o possível leitor do currículo.

Abordagem Correta

Não existem duas carreiras iguais: cada profissional tem suas próprias aspirações. Ao espelhar isso, os currículos nunca se repetem. Você pode perceber que há mais de um caminho possível para sua carreira –tanto a especialização na atual área como a mudança para uma função executiva mais abrangente. Vias distintas significam estratégias diferentes, com destaque para aspectos específicos. Seja qual for seu próximo passo, avalie sempre qual a estratégia com mais chance de obter êxito.

Objetivos Paralelos

Objetivo 1: Diretor Financeiro

Currículo Cronológico
Destaque para conquistas na área de finanças

↓

Contato com Empresas de Recrutamento
Busca por empresas especializadas em profissionais da área

↓

Atenção aos Anúncios Publicados

↓

Rede de Contatos
Discreta sondagem junto a profissionais da área de finanças

Objetivo 2: Diretor Administrativo

Currículo Funcional
Destaque para atuação administrativa

↓

Contato com Empresas de Recrutamento
Prioridade para empresas de busca de executivos

↓

Atenção aos Anúncios Publicados

SOB MEDIDA ▶
As duas trilhas possíveis para a carreira deste diretor financeiro exigem iniciativas e currículos diferentes. De acordo com o cargo pretendido, convém destacar habilidades e experiências específicas.

FOCO NO LEITOR-ALVO

Seja qual for a estratégia ou o caminho escolhido, é importante prestar atenção na linguagem adotada. Na medida do possível, tente "falar a mesma língua" de quem vai receber a mensagem. Cada destinatário tem prioridades e expectativas próprias, que devem ser atendidas pelo conteúdo do currículo. Uma boa idéia, por exemplo, é empregar a mesma linguagem usada no anúncio, destacando suas características pessoais que se encaixam no perfil solicitado. Pense em que é o leitor na hora de redigir seu currículo e a carta de apresentação.

13 Evite o uso exagerado de jargões técnicos.

14 Tente passar uma imagem flexível ao empregador.

15 Lembre-se: cargos temporários podem servir de ponte para sua meta real.

CERTO E ERRADO

- ✔ Seja seletivo na hora de enviar seu currículo.
- ✔ Deixe claro qual é seu objetivo.
- ✔ Peça um retorno para o destinatário.

- ✗ Nunca envie currículos sem uma carta pessoal.
- ✗ Nunca descarte um anúncio de imediato.
- ✗ Não espere que o recrutador lhe dê dicas profissionais.

SEJA FLEXÍVEL

Nem sempre se chega ao cargo desejado por um caminho direto. Cada vez mais, as empresas contratam profissionais para funções temporárias ou como consultores, estabelecendo uma relação mais flexível para ambos os lados –a admissão no quadro permanente da empresa só costuma ocorrer após algum tempo de serviço prestado. A estratégia para obter uma vaga temporária é a mesma usada na procura do emprego fixo. Mas a postura do candidato deve ser outra.

É preciso identificar oportunidades e concentrar esforços na companhia empregadora ou na agência de recrutamento. No primeiro caso, o contato direto com gerentes pode ser mais eficiente do que com o departamento pessoal.

MAIS OPÇÕES ▶
Com uma abordagem mais flexível, você aumenta as oportunidades de sucesso.

Direcione seu Currículo

Antes de redigir seu currículo, tente imaginar o percurso que ele cumprirá depois de chegar às mãos do empregador ou do recrutador. As qualificações descritas no documento serão julgadas para definir se você se adapta ou não à cultura da empresa.

16 Lembre-se de que os recrutadores trabalham para os empregadores.

Lembre-se

- O recrutador sempre procura itens em desacordo com o solicitado. Revise o currículo.
- Seu currículo será lido por várias pessoas, com perspectivas e atitudes diferentes.
- No texto, inclua palavras-chave e frases relacionadas ao cargo ou à área de trabalho em que atuou.
- A adequação de seu perfil à cultura do potencial empregador é essencial.

Seleção de Currículos

A menos que você tenha muita sorte ou raras habilidades para o cargo, seu currículo deverá ser apenas um entre os muitos que vão ser selecionados pelos recrutadores. O método de trabalho desses profissionais varia: alguns selecionam o candidato pelos pontos positivos observados no currículo; outros fazem a seleção por eliminação, sempre de olho nos aspectos negativos. Ao elaborar seu currículo, pense que seu leitor pode agir dos dois modos. É preciso, portanto, ficar atento aos detalhes. O segredo para passar pela triagem é se preparar para ela –e "ler" a mente do recrutador.

Leitura Eletrônica de Currículos

É possível que seu currículo não seja lido por olhos humanos. Algumas empresas de grande porte e firmas de recrutamento avaliam os currículos por sistemas de computador. Esses programas identificam palavras-chave e frases predefinidas e fazem a comparação com os requisitos para a função. O sistema avalia tanto currículos em papel como aqueles enviados por e-mail. Faça uma lista dos termos que descrevem suas habilidades e os inclua em seu currículo. Depois, verifique se a apresentação está clara e se a letra utilizada é de fácil leitura.

17 Guarde cópias de currículos enviados por e-mail.

18 Evite as empresas envolvidas em problemas trabalhistas.

ESCOLHA CERTA
Como mostra este caso, o ambiente de uma empresa é tão importante quanto o trabalho desempenhado. Seja honesto consigo mesmo na hora de definir a cultura com a qual você está interessado em conviver.

ESTUDO DE CASO
Depois de se formar em letras, Laura trabalhou durante três anos numa editora, na qual foi promovida duas vezes. Quando completou 25 anos, transferiu-se para uma editora internacional, que lhe oferecia a expectativa de uma experiência ampla e de trabalhar fora do país. Todos a cumprimentaram pela escolha: trabalho mais envolvente, salário melhor, mais oportunidades.

No entanto, Laura deixou o emprego após nove meses. Ela apreciava o trabalho, mas a formalidade da empresa e a relação com os colegas não a satisfaziam. Quando Laura saiu em busca de uma nova colocação, desta vez numa empresa menor, tomou o cuidado de avaliar a cultura da empresa, pois tinha claro que preferia trabalhar numa organização menor, com menos hierarquias e em um ambiente mais caloroso.

Equilíbrio dos Fatores

Os empregadores buscam uma combinação entre as características do candidato, as exigências do trabalho e a cultura da empresa. Essa é a base para um bom relacionamento profissional. Quanto maior o equilíbrio entre esses fatores, mais chances você tem de se sentir envolvido e motivado com o emprego. Ao avaliar seu currículo, o selecionador não verifica apenas qualificações profissionais: ele também quer saber se você é compatível com a cultura da empresa.

19 Avalie qual o tipo de ambiente em que você gostaria de trabalhar.

O estilo e a forma de trabalho devem ser de seu agrado. Assim, você terá uma relação positiva com o ambiente

Os requisitos do cargo estão em consonância com suas atribuições. Você se sente pronto para a tarefa e vê expectativas de progresso no futuro

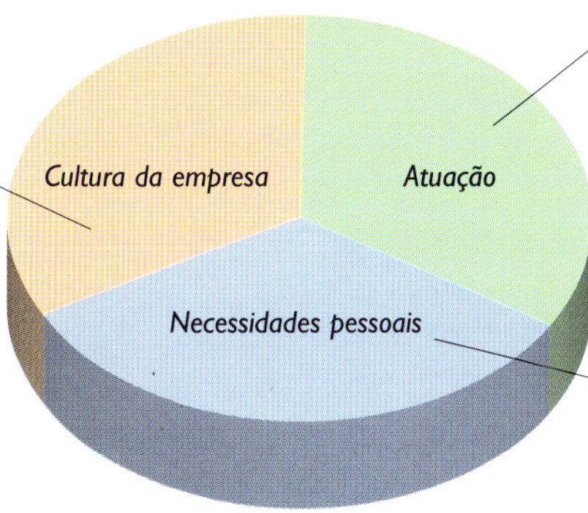

Seu perfil, experiência e habilidade combinam com a cultura da empresa e com as exigências do cargo

CASAMENTO PERFEITO
Um bom emprego combina as exigências do empregador com as expectativas e aptidões do candidato.

Conheça o Leque de Habilidades

Qualificações e experiência são só uma parte de seu perfil profissional. Seu modo de agir é mais importante para os empregadores do que se imagina –eles se interessam mais pelo que você pode fazer no futuro do que pelas realizações passadas.

20 Identifique seus pontos fortes para conseguir "vendê-los".

Pergunte-se

- **P** Quais as habilidades relacionadas com o trabalho que gosto de exercer?
- **P** Tenho habilidades na vida pessoal que não aparecem em minha atuação profissional?
- **P** Quem eu posso consultar sobre minhas habilidades?
- **P** Quais habilidades desejo desenvolver e utilizar melhor?

Traços Pessoais

Atributos pessoais, características, competências –todos esses nomes designam a mesma coisa: os aspectos subliminares de uma pessoa que revelam se ela se adequa ou não a determinado cargo. Esses itens estão relacionados com a personalidade, o comportamento, os valores e os objetivos, além de sua formação e experiência anterior. O quadro na página ao lado ajuda a avaliar se você tem algumas das habilidades listadas. Lembre-se, porém, de que você pode ter características menos identificáveis –e é essencial que seu currículo consiga revelar essas habilidades ao possíveis destinatários.

Resultados Concretos

Um currículo é um documento muito subjetivo, pois se baseia na imagem que você tem de si mesmo. Ainda assim, quanto mais objetividade ele revelar, maior será sua eficiência. Nada impede que uma pessoa afirme possuir todos os atributos listados na página ao lado –embora ninguém vá acreditar nisso. No entanto, se você comprovar que possui tais características mediante conquistas passadas, seu currículo passará credibilidade. Lembre-se de embasar sua argumentação mostrando resultados concretos.

21 Exemplifique suas habilidades: liste suas conquistas.

22 Não deixe de citar suas qualidades extra profissionais.

Habilidades Pessoais

Qualidades Gerenciais

- **Liderança**
  Motivar as pessoas para objetivos comuns.
- **Planejamento e Organização**
  Organizar e gerenciar eventos, atividades e recursos. Controlar projetos e cronogramas.
- **Busca da Qualidade**
  Garantir a obtenção da qualidade.
- **Persuasão**
  Influenciar e convencer outras pessoas a aceitar acordos ou a reconsiderar posições.

Qualidades Profissionais

- **Conhecimento Especializado**
  Dominar aspectos técnicos e profissionais do trabalho e aperfeiçoar os conhecimentos.
- **Análise e Solução de Problemas**
  Analisar questões e tomar decisões racionais e sistemáticas de acordo com os fatos.
- **Comunicação Oral**
  Falar bem com apenas uma pessoa ou várias.
- **Comunicação Escrita**
  Escrever com clareza, concisão e objetividade.

Qualidades Empreendedoras

- **Visão Comercial**
  Compreender a lógica comercial. Analisar questões sob a ótica dos custos, benefícios e valor agregado.
- **Criatividade e Inovação**
  Elaborar abordagens novas e criativas e questionar as medidas tradicionais.
- **Pensamento Estratégico**
  Demonstrar uma visão ampla sobre os fatos.
- **Iniciativa**
  Tomar decisões, ter iniciativa e promover ações.

Qualidades Pessoais

- **Sensibilidade Interpessoal**
  Interagir com outras pessoas de modo eficiente e hábil.
- **Flexibilidade**
  Adaptar-se a novas demandas e condições.
- **Resistência**
  Manter o controle em situações de pressão ou diante de dificuldades.
- **Motivação**
  Demonstrar entusiasmo pelos objetivos e conquistas da carreira.

Identifique suas Habilidades

As instruções a seguir podem ajudar você a analisar profundamente sua carreira e a identificar suas principais habilidades. Porém, depois de relacionar esses "talentos", avalie com sinceridade se você se sentiu bem ao exercê-los no âmbito profissional.

23 Trabalhe naquilo que gosta e garanta sua satisfação profissional.

PASSO A PASSO

1. Redija um breve perfil de sua carreira, para referência rápida e fácil.
2. Mantenha em dia suas anotações sobre habilidades e objetivos pessoais.
3. Tenha à mão uma descrição de seu atual trabalho, para referência.

Conquistas Passadas

Em primeiro lugar, identifique dez conquistas das quais se orgulha, tanto no campo profissional como no pessoal –o equilíbrio entre as áreas vai depender das circunstâncias. Seja criativo ao identificar o que considera uma conquista, pois ela nem sempre é óbvia. Em sua vida pessoal, você pode ter responsabilidades que exigem habilidades não requeridas em seu cotidiano profissional. Também é possível que você tenha enfrentado situações que o desagradaram, mas que tenham servido para despertar talentos e capacidades até então desconhecidos.

Avaliação de Talento

Para identificar habilidades, analise cada um dos fatores envolvidos em suas principais conquistas e relacione as habilidades que você teve de exercer para atingir suas metas. Num quadro como o da página ao lado, marque a frequência com que usou cada habilidade –você pode se surpreender com o resultado (*para mais detalhes, veja a lista da pág. 17*). Considere as habilidades que usa na vida pessoal –em geral, tida como mais reveladora de talentos do que o cotidiano profissional.

24 Seja honesto ao avaliar suas habilidades: evite tanto a modéstia como a arrogância.

TABELA DE HABILIDADES

Relacione dez conquistas

↓

Identifique as habilidades usadas

↓

Avalie se gostou ou gosta de exercitar tais habilidades

↓

Discuta sua avaliação com um colega

↓

Reavalie seus resultados

PONTUAÇÃO

Desempenhar uma tarefa com eficiência nem sempre significa que ela foi agradável. Usando escala ascendente de 1 a 5, avalie quanto apreciou usar uma habilidade específica e seu desejo de voltar a exercitá-la. Para finalizar, confronte suas "notas" com a realidade: escolha uma pessoa que o conheça bem e discuta com ela sua análise. Desse resultado conjunto, você poderá obter uma avaliação bastante próxima da realidade.

25 Peça a colegas e amigos que identifiquem pontos negativos e positivos de sua personalidade.

RESULTADOS

As habilidades que você mais exerceu e gostaria de aperfeiçoar constituem uma prioridade. Já os talentos que você aprecia e gostaria de exercitar, mas que surgiram poucas vezes em sua carreira, são áreas nas quais é preciso investir. Guarde os resultados dessa avaliação e consulte-os na hora de preparar seus currículos e cartas para os empregadores –eles serão os pontos fortes de sua apresentação profissional.

	Frequência	Satisfação	Desejo de exercitar	Realidade
Qualidades Gerenciais				
Liderança	**3**	**4**	**4**	**3**
Planejamento e organização	2	3	4	2
Busca da qualidade				
Persuasão				
Qualidades Profissionais				
Conhecimento especializado				
Análise e solução de problemas				
Comunicação oral				
Comunicação escrita				
Qualidades Empreendedoras				
Visão comercial				
Criatividade e inovação				
Pensamento estratégico				
Iniciativa				
Qualidades Pessoais				
Sensibilidade interpessoal				
Flexibilidade				
Resistência				
Motivação				

Dê notas de 1 a 5 para cada habilidade dos diversos grupos

Avalie as habilidades importantes para sua vida pessoal

DESTAQUE DOS PONTOS POSITIVOS ▶

Embora pareça difícil de fazer, vale a pena investir neste quadro: ele será uma ferramenta útil na busca de emprego.

A ELABORAÇÃO DO CURRÍCULO

O conteúdo de seu currículo exige atenção aos detalhes. Reserve bastante tempo para redigi-lo e organizá-lo, sem descuidar da apresentação –ela é vital para um bom resultado.

COMO PREPARAR O TEXTO

O currículo e a carta que o acompanha constituem seu primeiro contato com um possível empregador –que pode destinar apenas 30 segundos para lê-lo. Verifique sempre se as informações estão corretas e se a ordem dos dados facilita a leitura.

26 Evite o uso de linguagem ou termos formais demais.

27 Verifique se seu currículo é fácil de ler e conciso.

28 Lembre-se: você tem total controle sobre o que irá constar do texto.

CRIE UMA BOA PRIMEIRA IMPRESSÃO

Cada linha do currículo deve ser um convite para que se leia a linha seguinte. Uma carta de apresentação sucinta e objetiva estimula a análise do currículo. Uma página inicial bem-feita, por sua vez, pode fazer toda a diferença ao despertar a receptividade do recrutador. Lembre-se de que a primeira impressão tem um objetivo claro: colocar seu currículo na pilha daqueles que têm chance de ser selecionados. Decida se é o caso de criar um currículo cronológico ou funcional –e convença o leitor de que você é o profissional que ele busca.

Ação	Significado
Use papel de boa qualidade e cuide da apresentação	**Sinaliza profissionalismo e organização**
Escreva em linguagem clara, sem erros	**Indica domínio da comunicação e habilidade na escrita**
Aborde temas complexos com simplicidade	**Revela capacidade de concisão**
Certifique-se de que não há erros de ortografia	**Denota atenção a detalhes**
Destaque apenas dados pessoais e profissionais importantes	**Comprova sua capacidade de discernimento**
Inclua qualificações adequadas e seu histórico profissional	**Indica que você está apto para o trabalho**

◀ MENSAGENS OCULTAS

Nos 30 segundos que dedicar a seu currículo, o selecionador experiente poderá identificar diversos aspectos de seu perfil. Lembre-se de que todos os elementos, do tipo de informação que consta do currículo ao papel utilizado, revelam como você é.

DADOS HIERARQUIZADOS

Você deve elaborar seu currículo pensando no recrutador, não em si mesmo. Cabe ao candidato distinguir a importância que os dados podem ter aos olhos do empregador. Você pode até ficar tentado a destacar, por exemplo, sua notável formação escolar –mas não o faça, caso essa não seja a prioridade do leitor. Seu currículo deve exibir informações hierarquizadas, das mais essenciais para as menos importantes.

NÚMERO DE PÁGINAS

Exceto os casos em que o recrutador pede um currículo sucinto, fica difícil definir o número ideal de páginas. No Brasil, em regra, o número de páginas é consequência do tempo de experiência. Quando se é mais jovem, provavelmente escreve-se uma página, de modo objetivo. Para profissionais mais experientes, geralmente duas ou três páginas são bem aceitas –e pode-se ir até quatro páginas sem medo de errar.

29 Cuidado: o excesso de detalhes pode ofuscar dados importantes.

COMO SE DESCREVER

Você pode usar apenas cem palavras para se descrever. Essa limitação, porém, talvez conduza o leitor a conclusões indesejadas. Como nas demais etapas da elaboração do currículo, esse item exige um planejamento cuidadoso e preciso.

30 Use siglas de títulos antes de seu nome apenas quando relevante.

31 Verifique se a mensagem da secretária eletrônica é clara, para eventuais retornos.

ESTILO PESSOAL

O modo como você escreve é tão importante quanto o conteúdo do texto. Muitos candidatos recorrem a um estilo antiquado e formal demais na hora de elaborar o currículo ou redigir a carta de apresentação. Em alguns casos, há quem escreva o currículo em terceira pessoa. Vale a pena adotar um estilo claro, objetivo e sem jargões –essas medidas vão impedir que o conteúdo do currículo fique em segundo plano.

SEJA VOCÊ MESMO

A primeira linha do currículo deve exibir seu nome. Por isso, lembre-se de uma regra preciosa: esse documento deve revelar seu orgulho de ser quem é. Assim, se você é José Meireles na vida profissional, seja José Meireles em seu currículo. Não se identifique como Zeca Meireles, ou José C. Meireles, ou JOSÉ Carlos MEIRELES, ou J.C. Meireles, ou J. Carlos Meireles, a não ser que você também seja conhecido na área por um desses nomes. Caso tenha qualificações ou títulos específicos (como Doutor, PhD etc), avalie a real conveniência de agregá-los a seu nome. Em geral, eles devem ser incluídos apenas se forem importantes como qualificações para a vaga em questão. Caso contrário, é melhor evitar referências que soem excessivamente pomposas.

PERGUNTE-SE

P Ao ler meu currículo, fico feliz com minha descrição?

P Posso ser contatado em meu atual emprego ou isso pode causar complicações?

P A linguagem adotada é compreensível mesmo para quem não é da área?

P Deixei de lado alguma informação pessoal que tenha importância específica para meu currículo?

P As informações pessoais e profissionais que escolhi passam uma impressão satisfatória e fiel à realidade?

DADOS PARA RETORNO

Você deve facilitar um eventual contato dos recrutadores. É essencial indicar seu endereço completo e, caso costume se ausentar de casa, informe esse dado e indique um meio de contato alternativo, como um pager. Forneça mais de um número de telefone: inclua o da empresa (se puder receber chamadas) e o do celular, se tiver. É cada vez mais comum incluir o e-mail –caso tenha um endereço eletrônico usado com frequência, indique-o.

▼ INFORMAÇÕES PARA CONTATO

As informações para retorno devem ser claras. Não espere que um recrutador ou empregador o procure em vários números de telefone. Cheque seus recados com regularidade.

Nome grafado com clareza e de fácil leitura

Inclua o código postal completo –isso denota atenção aos detalhes

Marcelo Miranda
Rua dos Eucaliptos, 233
Rio de Janeiro – RJ
02136-042

Telefone/Fax: (21) 2376-1528
Celular: (21) 9701-1872
E-mail: marcelomira@uol.com.br

Informe seu e-mail particular se não for conveniente receber retornos no e-mail profissional

> **32** Informe sua nacionalidade apenas se for um dado relevante.

IDADE

Nos Estados Unidos, não é comum informar a idade no currículo, mas no Brasil esse dado é importante. De qualquer forma, o recrutador pode deduzir a idade do candidato a partir das datas citadas. A regra básica é informar a data de nascimento na primeira página, caso você creia que o item deve ser citado. Outra opção é colocar o dado em "outras informações pessoais".

DIFERENÇAS CULTURAIS

Cada país tem regras próprias sobre o que deve ou não constar do currículo. Nos EUA, leis rígidas definem quais os dados que um empregador pode saber sobre a vida pessoal do candidato. Na Europa continental, sobretudo na Alemanha e Holanda, é comum enviar uma foto, além de informações detalhadas sobre a formação escolar. No Japão e em outros países do Oriente, o preenchimento de certas vagas é restrito: alguns recrutadores pedem currículos de candidatos graduados em apenas determinadas universidades. No Brasil, há interesse pelo estado civil do candidato e se ele tem filhos.

33 Cheque se todos os dados positivos sobre você estão no currículo.

LEMBRE-SE

- Não relacione muitos interesses pessoais que exijam tempo, pois podem dar a impressão de pouca disponibilidade para o trabalho.
- Seus interesses pessoais também podem dar margem a interpretações negativas.
- No currículo, sua vida pessoal só importa na medida em que influencia a vida profissional.
- A partir dos interesses citados, os empregadores vão tirar conclusões sobre você.
- Os sucessos profissionais e as conquistas pessoais devem aparecer com destaque.

DETALHES DA VIDA PESSOAL

O fornecimento de informações pessoais varia de acordo com as demandas do cargo e com os costumes de cada país. O estado civil do candidato, por exemplo, pode ser relevante se o cargo implica viagens constantes. No entanto, se a ocupação exige alguém estável e seguro, os recrutadores podem preferir uma pessoa casada. Não existe uma regra definitiva para a questão, mas, se você preferir indicar seu estado civil, vale a pena refletir sobre as possíveis conclusões a serem tiradas pelo leitor do currículo. Outra medida importante consiste em avaliar se essa informação é de fato importante para o currículo que você está elaborando. Caso conclua que sim, informe o estado civil na última página.

34 Lembre-se de que talvez lhe façam perguntas a respeito de qualquer informação descrita no currículo.

ESTUDO DE CASO

Murilo e sua esposa, Clara, viviam em Salvador, Bahia. Ambos eram de São Paulo, cidade para onde planejavam, um dia, voltar com as duas filhas. Os dois começaram a responder a anúncios de jornais paulistanos. Apesar da boa qualificação de Murilo como engenheiro, os resultados eram tímidos. Um amigo da área de recursos humanos avaliou seu currículo e sugeriu uma mudança: em vez da informação "casado, dois filhos", deveria constar "disposto a mudar de cidade". A redação antiga, explicou o amigo, levava o empregador a descartar o candidato, na suposição de que uma mudança com a família inteira poderia implicar custos. Assim, numa leitura superficial do currículo, a informação "casado, dois filhos" e o endereço residencial em outra cidade estavam minando as chances de Murilo.

◀ CLAREZA DE INFORMAÇÕES

Como neste caso, seja claro ao explicar suas intenções no currículo. Se houver questões como mudança de cidade ou viagens constantes, demonstre estar ciente e disposto a enfrentar essas situações. Para evitar mal-entendidos, exponha suas expectativas e determinações com clareza e objetividade.

DESTAQUE AOS INTERESSES

O modo como desfruta seu tempo de lazer pode revelar muito a respeito de você. Por isso mesmo, é essencial selecionar os interesses pessoais que vão ser informados, pois eles vão compor seu "retrato". Esportes radicais sugerem que você é uma pessoa ativa. Hobbies como leitura ou arqueologia indicam uma mente em busca de conhecimento. O gosto por música ou pintura sugere criatividade. Candidatos que fazem trabalho voluntário passam a idéia de preocupação social. A participação ativa em organizações filantrópicas, por sua vez, revela sinais de liderança. A prática de esportes coletivos sugere competitividade e espírito de equipe.

▲ **PERFIL DO CANDIDATO**

Seus passatempos podem interessar ao recrutador –às vezes, eles contam mais sobre quem você é do que suas realizações profissionais. Tente tornar a informação relevante e enfatize as habilidades empregadas para realizar seus interesses pessoais.

35 Tente ser o mais objetivo possível.

36 Evite o uso excessivo do pronome "eu".

RISCO DE INTERPRETAÇÃO

Todo bom recrutamento envolve certa dose de "discriminação" –em favor do candidato mais apto para a vaga em questão. No entanto, você também deve estar preparado para interpretações menos favoráveis. Ao combinar as diversas informações fornecidas, os recrutadores podem tirar conclusões inadequadas e pouco éticas sobre o sexo, a raça e a orientação sexual do candidato. Por isso, tenha o cuidado de não incluir em seus currículos informações em excesso ou pouco relevantes.

Como Apresentar suas Qualificações

As conquistas resultantes de uma boa formação ou de treinamentos atestam tanto o conhecimento adquirido como a capacidade de crescer. Muitos empregadores gastam tempo e dinheiro em treinamentos e querem saber se vale investir em você.

37 Destaque os treinamentos feitos por iniciativa própria.

Descreva sua Formação

Não existe uma regra única para esse caso. Quanto mais recente for a conclusão dos estudos, mais completa deverá ser a descrição. Aos 23 anos, por exemplo, a formação escolar constitui uma parte significativa de suas conquistas e deve interessar mais ao selecionador. Porém, aos 43 anos, sua trajetória profissional é bem mais relevante, e a formação passa a ser um item de peso menor. Na hora de descrever formação e conquistas profissionais, priorize os itens mais importantes e mais recentes e explique-os com mais detalhes, logo no início do currículo. As qualificações menos relevantes e mais antigas devem constar da última página. Lembre-se de que essa é uma ótima oportunidade para relacionar todas as suas vitórias profissionais. Pense na possibilidade de citá-las na forma de tópicos sob um título como "Qualificações" ou "Destaques da Formação". Isso ajuda a transmitir uma mensagem positiva ao empregador.

38 Descarte exames ou cursos nos quais você não obteve êxito.

▼ **ATUALIZAÇÃO**
Há diversos cursos que permitem o aperfeiçoamento profissional. A busca por atualização revela motivação do candidato.

Desenvolvimento Pessoal e Profissional

Se você tem uma qualificação profissional formal, deve informar os detalhes ao especificar sua formação. Porém, exceto quando se relacionam diretamente com o cargo pretendido, os treinamentos pelos quais passou não merecem aparecer na primeira página. Pense em criar um espaço para "desenvolvimento pessoal e profissional", que reúna os treinamentos e as iniciativas sem comprovação de certificados, mas que foram importantes em sua trajetória.

▼ **TREINAMENTOS**

Se você tiver feito diversos treinamentos, cite os nomes e as datas, mas restrinja-se aos cursos mais recentes e importantes.

39 Informe conquistas acadêmicas e trajetória profissional em ordem cronológica invertida.

Certo e Errado

- ✔ Avalie a importância de sua formação aos olhos do recrutador.
- ✔ Inclua destaques em exames ou cursos, se for importante.
- ✔ Atualize as habilidades em tecnologia da informação.
- ✔ Ressalte os aspectos positivos do currículo.
- ✘ Não inclua cursos que abandonou.
- ✘ Não cite qualificações como idiomas, caso não domine uma língua estrangeira.
- ✘ Não mencione treinamentos que não se relacionam com o cargo.
- ✘ Evite detalhes desnecessários.

O Perigo dos Excessos

Tenha cuidado para que suas habilidades e experiência não se percam num currículo recheado de informações irrelevantes. Lembre-se de que o espaço é precioso e de que, exceto em casos em que tais dados são expressamente solicitados, não há necessidade de informar seu estado de saúde, religião, dados da carteira de habilitação, nacionalidade, número do passaporte, local de nascimento, cor da pele, tendências políticas e nome e idade dos filhos.

ENFATIZE SUA EXPERIÊNCIA

Depois de descrever suas qualificações, você precisa convencer o empregador de que possui a experiência adequada e a disposição necessária ao cargo. Nessa parte do currículo, é importante ser positivo e conciso e, mais uma vez, evitar os jargões.

40 Leia seu currículo para um amigo e veja se o texto está fluente e claro.

PASSO A PASSO

1. Revise cada frase, uma a uma, e exclua as palavras desnecessárias.
2. Faça uma lista com as palavras adequadas para descrever suas habilidades e seu trabalho.
3. Reserve tempo para criar termos ou frases alternativas, para não ser repetitivo.

USE PALAVRAS CERTAS

Uma primeira impressão positiva depende do vocabulário e do tom adotado no texto, além das informações incluídas. Na maior parte dele, ao relatar sua trajetória profissional, convém usar os verbos no passado. No entanto, ao descrever desafios atuais, o presente é mais incisivo. Dispense o pronome "eu" e evite os possessivos "meus, minhas". Excesso de auto-referência pode soar a pretensão –além disso, é óbvio que o documento fala de você. Nunca use a terceira pessoa para referir-se a você, como "Paulo era responsável pela gerência". Observe as palavras do quadro da página ao lado e selecione os termos usados.

LINGUAGEM POSITIVA

A confiança é um item vital na redação do currículo. O melhor modo de transmitir esse sentimento a seus possíveis empregadores é por meio da linguagem. Seja positivo ao descrever situações positivas. Veja a seguir alguns exemplos:

"*Cumprimento dos prazos*"
em vez de
"*Busca do cumprimento dos prazo*"

"*Líder do programa de recuperação*"
em vez de
"*Responsável pelo programa...*"

"*Gerência de gestão de qualidade*"
em vez de
"*Implementação da gestão de...*"

"*Implantação de melhorias*"
em vez de
"*Sugestão de melhorias*"

41 Ao rascunhar o currículo, cite toda a sua experiência. Mais tarde, edite o material.

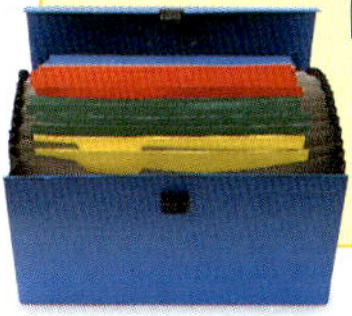

SUMÁRIO DA CARREIRA PROFISSIONAL

Muitos recrutadores identificam de imediato as conquistas e habilidades importantes ao ler um currículo e, em geral, não atentam muito para o sumário de sua experiência anterior. Em dois casos, porém, vale a pena descrever um resumo da carreira: quando seu leitor não tem grande experiência na avaliação de currículos e nos casos de currículos funcionais –neste último caso, suas habilidades podem não estar bem claras no restante do texto.

CONCISÃO E ESTILO

Frases curtas são mais fáceis de entender. Períodos longos, reunindo muitas idéias, podem confundir o leitor. Currículos com texto corrido podem parecer mais difíceis, mas evite o excesso de itens e subitens (esse recurso só funciona em relatórios). Busque o equilíbrio formal.

42 Inicie cada item com uma frase ou palavra positiva.

VOCABULÁRIO PARA UM TEXTO POSITIVO

INICIATIVA	SOLUÇÃO DE PROBLEMAS	GERÊNCIA DE SITUAÇÕES	CONQUISTA DE OBJETIVOS
Concepção	Análise	Aprovação	Aumento
Construção	Combinação	Condução	Conclusão
Criação	Consultoria	Controle	Condução
Desenvolvimento	Corte	Decisão	Conquista
Formação	Exame	Definição	Consumação
Fundação	Identificação	Desenvolvimento	Cumprimento
Geração	Investigação	Direção	Demonstração
Idealização	Otimização	Empenho	Melhoria
Impulsionar	Redução	Emprego	Meta
Iniciativa	Reorganização	Gerenciamento	Obtenção
Lançamento	Resolução	Indicação	Produção
Originar	Revisão	Inspiração	Promoção
Previsão	Sistematizar	Liderança	Seleção
Projeto	Solução	Orientação	Superação

COMO DESCREVER SUA EXPERIÊNCIA

Uma descrição objetiva de suas realizações anteriores e os nomes dos respectivos empregadores não são suficientes. O selecionador deve ser informado de suas conquistas, para estimar o desempenho que pode esperar de você.

43 Não desperdice espaço com endereço de ex-empregadores.

CONQUISTAS E RESPONSABILIDADES

A queixa mais comum sobre currículos é a de que eles apenas listam descrições profissionais. O que o empregador precisa saber é como foi seu desempenho nas atividades realizadas. Um relato sobre seu atual trabalho pode ser um bom começo, mas não convém exagerar. Seu currículo tem por objetivo apenas conquistar um novo emprego. Comentar atribuições atuais pode ser deselegante.

LEMBRE-SE

- Empregadores pensam no futuro: mais do que experiências, procuram habilidades.
- Só use termos específicos se tiver certeza de que o leitor irá compreendê-los.
- A cultura e a "alma" de sua empresa atual podem interessar ao futuro empregador.

44 Não exagere seus feitos, ainda que sejam importantes.

SUCESSO COMPROVADO

As conquistas citadas no currículo devem conter dados que as comprovem. A informação "liderança de equipe de desenvolvimento de programas" ficaria mais clara se fosse "liderança de equipe formada por seis profissionais no desenvolvimento de programas, num projeto de US$ 2 milhões e um ano de duração". Resultados concretos ("cronograma cumprido e conquista de 30% de produtividade") valorizam o texto.

▼ **RESULTADOS**
Um fato só tem significado se seguido de bons resultados. Entre o evento e o saldo final, informe detalhes importantes.

Fato → **Quantificação** → **Resultado**

Empregos Anteriores

Nunca parta do princípio de que o leitor do currículo conhece as empresas nas quais você trabalhou. Portanto, é preciso descrever rapidamente a atividade central da empresa e adicionar detalhes, como número da equipe, conquistas e tudo o mais que possa acrescentar algo a sua atuação. Também pode ser uma boa idéia especificar detalhes sobre o momento da empresa –em especial, se você atuou nela em uma fase de grandes transformações. Informações desse tipo auxiliam o selecionador a contextualizar corretamente sua experiência profissional.

Escritório Exclusivo

◀ **DESCRIÇÃO DO TRABALHO**
Duas pessoas com atuações profissionais similares podem ter ex periências distintas. O empregador pode querer saber a qual ambiente elas estão acostumadas.

Escritório sem Divisão de Ambientes

45 Seja confiante e profissional ao descrever suas conquistas.

46 Use números –são mais rápidos e fáceis de ler do que as palavras.

Como Citar seu Cargo

Tanto a natureza de seu trabalho quanto o cargo exercido podem precisar de esclarecimentos. O significado dos cargos varia de uma empresa para outra, e a identificação por meio de siglas ou códigos internos em geral não diz muito. Também será preciso listar responsabilidades específicas, como a coordenação de um projeto, por exemplo. Se julgar necessário, situe o cargo na hierarquia da empresa. Não desperdice espaço com repetições, mas certifique-se de que incluiu todos os aspectos interessantes, exclusivos ou incomuns de suas atribuições.

Coerência Cronológica

Os recrutadores desconfiam de currículos com "buracos" ou grandes saltos na carreira, embora isso seja comum na vida de alguns profissionais. Por isso, tente demonstrar uma progressão cronológica em sua trajetória, de preferência, ano a ano. Caso tenha atuado mais de uma vez na mesma empresa, reúna as datas de admissão e saída sob um único item principal e faça subitens para cada função exercida. Se estiver desempregado, não se esforce em esconder a informação. Isso pode depor contra você.

48 Verifique se o currículo abrange toda a sua carreira, mesmo sem se aprofundar nos detalhes.

Uso de Números e Sinais Gráficos

Um sinal gráfico (como um *bullet*) ou um número constituem convites para que o olho do recrutador se detenha ali e facilitam uma leitura mais rápida.

- Comece cada item com um termo positivo.
- Evite iniciar com uma qualificação como "na qualidade de integrante da equipe..." ou com gerúndio, do tipo "participando como gerente...".
- Caso sua experiência o permita, reúna as conquistas sob itens numerados, cada um deles com um número de características específicas.

47 Coloque os dados essenciais no lado esquerdo de seu currículo.

Pergunte-se

P Toda a minha atuação profissional anterior está relatada?

P Há detalhes excessivos a respeito dos empregos anteriores?

P As informações que aparecem em tópicos ou numeradas apresentam consistência?

P A linguagem adotada em meu currículo é positiva sem parecer pretensiosa?

Cargos de Curta Duração

Em alguns momentos de sua vida, você pode ter apresentado passagens curtas por vários cargos. Se foram todos na mesma empresa, tente reuni-los sob títulos gerais e enfatize a experiência adquirida. Porém, deve ficar claro para o leitor que as mudanças não ocorreram por causa de uma eventual dificuldade de adaptação de sua parte. Se os cargos foram ocupados em empresas distintas, explique se se tratava de ocupações temporárias ou não. Muitas mudanças num passado recente não costumam ser interpretadas positivamente.

TRABALHOS TEMPORÁRIOS

Muitas pessoas recorrem a empregos temporários como meio de atingir fins específicos, em diferentes etapas da vida. No início da carreira, o motivo pode ser o custeio dos estudos ou a aquisição de experiência na área. Em outros momentos, o emprego temporário funciona como "ponte" para a volta à vida profissional ou como "pausa" entre trabalhos permanentes. Não é preciso detalhar isso no currículo. O empregador atento estará mais interessado na iniciativa e em seu comprometimento com o emprego temporário. Numa breve descrição, destaque as experiências obtidas em ambientes e cargos distintos.

▼ HIERARQUIA DOS DADOS

Numa leitura rápida, o selecionador deve ser capaz de identificar seus empregadores, os cargos ocupados e as conquistas alcançadas.

Nome da empresa (e datas de atuação)

Ocupação

Faça uma breve descrição da área de atuação da empresa, informe o número de funcionários e dos integrantes de sua equipe, se exercia função de liderança e, se possível, uma estimativa do faturamento anual. Em seguida, resuma suas atribuições em duas ou três frases curtas e parta para o mais importante:

Conquistas

- Faça uma lista com as principais conquistas.
- Demonstre seu potencial ao possível empregador.
- Cite os fatos que julga importantes para estar se candidatando.

Itens destacados por sinais gráficos serão facilmente notados numa leitura rápida

Emprego atual –enfatiza a capacidade de liderança

Primeiro emprego –destaca conhecimento técnico

Treinamento –mostra que o empregador apostou em você

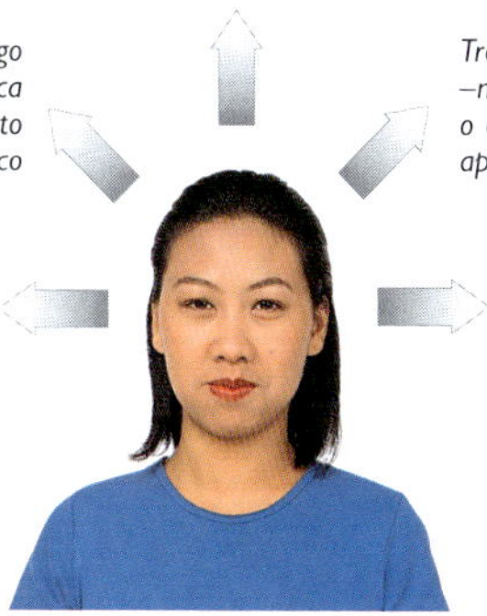

Emprego temporário –revela auto-motivação

Gosto por esporte indica energia

▲ SELETIVIDADE

Por meio dos dados que incluir no currículo, você pode revelar que é uma pessoa criteriosa a seu potencial empregador. Selecione as experiências mais importantes e, em seguida, destaque as razões pelas quais você as considera dignas de nota.

DESCRIÇÃO DE EX-EMPREGOS

Conforme avança na elaboração do currículo, as descrições de empregos anteriores devem ser mais curtas. Apenas os empregos mais recentes exigem descrição completa de seus progressos e responsabilidades. Conquistas que o encheram de orgulho há dez anos podem parecer pouco relevantes para o leitor. Caso as experiências anteriores sejam irrelevantes para o cargo que você está pleiteando, não se obrigue a dar detalhes em excesso: informe as datas e o nome do empregador.

CAPRICHE NA APRESENTAÇÃO

Não há um modelo de apresentação para currículos. Mas é possível evitar alguns equívocos. O aspecto visual talvez seja o item mais subjetivo do documento. Até por isso, faça uma aposta certa –tente criar um currículo agradável e fácil de ler.

49 Veja a apresentação visual de currículos de outras pessoas.

LEMBRE-SE

- Uma apresentação simples, sem muitos destaques ou tipos diferentes, é a mais eficiente.
- Um currículo bem apresentado e de leitura fácil é inestimável.
- Busque a facilidade de leitura. Lembre-se: currículo não é peça de concurso de criação visual.

ESCOLHA DA FONTE

Opte pela simplicidade –letras chamativas não dão vantagens. Além disso, ao enviar o currículo por e-mail, correrá o risco de o leitor não ter a mesma fonte, caso não seja um tipo comum. Se o currículo passar por leitura eletrônica, quanto mais simples o tipo, melhor.

50 Pense num estilo que sirva para o envio por e-mail.

COMO ESTRUTURAR O VISUAL DO CURRÍCULO

Existem três elementos essenciais no currículo. Cada um deles deve ser facilmente reconhecido pelo leitor como uma seção independente.

- Dados para contato e informações pessoais que mereçam constar da primeira página.
- Trajetória profissional relevante.
- Informações pessoais adicionais importantes.

Times Roman — *Tipologia clássica e elegante, dá idéia de maturidade*

Times Roman Italic — *Itálico: leitura difícil*

Times Roman Bold — *O negrito é indicado para destacar títulos e datas*

Helvetica

Helvetica light — *Fontes sem serifa são fáceis de ler*

Helvetica Italic

▲ **TIPOLOGIAS COMUNS**

A escolha dos tipos é subjetiva. O único critério válido é a facilidade de leitura. Tipologias mais comuns também facilitam uma eventual leitura eletrônica. Utilize apenas uma fonte em todo o currículo. Mesmo que sua área de atuação se relacione com artes visuais, não permita que o visual esconda o conteúdo.

Títulos grandes demais são desnecessários

16pt no máximo para os títulos

12pt para o texto

10pt para o texto

Não use letra muito pequena para o texto

TAMANHO DAS FONTES

Fontes grandes demais ocupam espaço, deixam a página "pesada" e dificultam a leitura. O currículo é um documento profissional; portanto, siga as regras usadas nesse tipo de correspondência. Prefira os tamanhos 10-12 para a letra. Nos títulos, não ultrapasse os 16 pontos. Não exagere no uso de letras maiúsculas e de negrito. Excessos como esses "ocultam" os fatos principais.

▲ **NÍVEL DE INFORMAÇÃO**

Use diferentes tamanhos de letra para os vários níveis de informação. Verifique se há uma hierarquia lógica e se títulos da mesma importância têm tamanhos iguais.

51 Não use letras coloridas –esse recurso é válido, mas dificulta o envio por e-mail e as cópias.

ESCOLHA DO PAPEL E DOS ENVELOPES

Use papel de boa qualidade, tamanho A4, na cor branca ou tom similar, e fique atento à impressão. Pense no estado do currículo ao chegar ao destinatário: papel muito fino não tem resistência; se grosso demais, dificulta o manuseio. Dobre o documento uma só vez e use envelope de tamanho apropriado.

Lembre-se de que seu currículo será visto e manuseado por diversas pessoas. Por isso, a qualidade do papel e dos envelopes é muito importante

MODELOS

Diversos programas de processamento de texto trazem modelos prontos de currículo. Vale a pena considerá-los, pois eles podem poupar um pouco do tempo a ser gasto na apresentação visual. Porém, tenha cuidado para não incluir informações desnecessárias ou que ocupam muito espaço só porque elas constam do modelo. Lembre-se também de que esses modelos são padronizados –ao passo que seu currículo deve ser único e exclusivo.

MODELOS PRONTOS ▶

Use um modelo para reproduzir o aspecto visual e não o conteúdo do currículo.

REVISE SEU CURRÍCULO

Seu currículo está quase pronto. Depois de dedicar tanto tempo à preparação e à disposição visual, é momento de checar a qualidade. Vale a pena revisá-lo criteriosamente em busca de erros e pedir a um amigo que faça uma leitura final.

52 Use o corretor ortográfico do computador. E revise tudo depois.

LEMBRE-SE

- Todos os dados expressamente solicitados devem ser incluídos.
- O recrutador quer saber seu desempenho ao realizar tarefas, e não apenas quais foram suas realizações.
- Se pedirem detalhes de salário, inclua os bônus e as promoções.
- Considere as observações feitas por amigos, recrutadores, colegas e empregadores.
- As conquistas e habilidades pessoais são pontos de especial interesse para o empregador.

53 Envie uma foto de boa qualidade, se isso for pedido.

54 Só cite referências se o empregador solicitá-las.

TRÊS MANDAMENTOS

- **Não minta**
  O currículo é um documento que conta sua trajetória profissional e deve ser positivo. Porém, um relato favorável é diferente de uma lista de auto-elogios. Não divulgue qualificações que não possui nem cite cargos que não ocupou. Descobertas, mentiras como essas levarão o empregador a desconsiderar sua candidatura.
- **Não entre em detalhes quanto ao salário**
  Como ocorre com os catálogos de qualidade, a lista de preços deve vir à parte. Até aqui, o leitor está preocupado em avaliar sua adequação ao cargo e o salário não constitui questão central. Porém, o recrutador pode solicitar que você forneça detalhes sobre seu salário atual ou revele sua progressão salarial. Nesse caso, coloque os dados na carta que acompanha o currículo.
- **Não anexe fotografias**
  Ao preparar o currículo, você elabora um documento que leva o leitor a formar uma imagem positiva sobre você. Se incluir uma fotografia, pode induzi-lo a conclusões subjetivas baseadas em sua aparência. Às vezes, porém, empresas das áreas de publicidade, moda ou eventos podem solicitar uma foto anexa ao currículo. Nesse caso, envie-a.

OPINIÕES EXTERNAS

Não é fácil escolher uma pessoa para pedir uma opinião sobre seu currículo. Como regra, o escolhido deve ser alguém que atue ou conheça sua área. É comum que as pessoas ajam com modéstia ao se descrever, e o leitor pode sugerir um pouco mais de ousadia. Ouça as impressões alheias e avalie quais merecem ser consideradas.

O entrevistado responde com confiança

O entrevistador se baseia no currículo

▲ CONFIANÇA
É essencial que você consiga justificar e detalhar todos os itens citados no currículo. Na entrevista, adote a mesma postura positiva usada no currículo e na carta que o acompanha.

CERTO E ERRADO

- ✔ Revise a ortografia, a concordância e a pontuação.
- ✔ No currículo e na carta, use frases e palavras positivas.
- ✔ Adapte o currículo a cada situação.
- ✘ Não subestime suas qualidades.
- ✘ Não esqueça a importância da primeira impressão.
- ✘ Não cite referências –elas serão pedidas oportunamente.

55 Se for pedido, dê detalhes salariais na carta anexa.

COMO AGIR NA ENTREVISTA

Caso o currículo cumpra sua função e você seja chamado para uma entrevista com o empregador ou o recrutador, é provável que as questões da conversa sejam extraídas do documento. Muitas vezes, tudo o que o recrutador sabe sobre você é o que está no currículo. Nessa hora, você identificará equívocos ou ausência de informações que possam ter ocorrido. Prepare-se para responder a questões mais complexas e avalie bem as respostas. A entrevista lhe dará a oportunidade de reforçar a imagem positiva que seu currículo conseguiu transmitir.

56 Leia seu currículo antes de ir para a entrevista.

A Adaptação do Currículo

Os exemplos usados neste capítulo demonstram como situações distintas pedem estilos diferentes. Veja como esses estilos podem fazer do currículo uma ferramenta eficaz.

"Molde" seu Currículo

Pense no currículo como um documento "vivo", que se altera conforme sua vida vai passando por mudanças. Assim como as pessoas vêem suas distintas facetas em momentos diferentes, o currículo deve ser adaptado de acordo com as situações.

57 Seja preciosista: edite, corrija e revise o currículo várias vezes.

Pergunte-se

P Quero mudar o rumo de minha carreira?

P Avaliei minhas habilidades e objetivos antes de ressaltá-los na elaboração do currículo?

P Conheço as diferenças entre um currículo cronológico e um funcional? Sei quando convém usar cada um deles?

P Minhas habilidades e a experiência que possuo estão de acordo com o emprego?

Currículo Mutante

Diversas pessoas escrevem um currículo e passam a vida atualizando o mesmo documento. Porém, épocas diferentes da vida exigem currículos distintos. Em alguns momentos, você estará "vendendo" seu potencial; em outros, a experiência acumulada. Em geral, no entanto, as habilidades pessoais são mais decisivas. Observe os currículos citados como exemplo neste capítulo para avaliar se eles revelam elementos importantes para você. Lembre-se de que, mais tarde, as habilidades descritas terão de ser comprovadas.

ATENÇÃO ▶

Como mostra este caso, o fator determinante para a estrutura e o conteúdo do currículo é o emprego que se está pleiteando. Na hora de elaborar o currículo, pense na pessoa que vai ler o documento e nos elementos que ela está procurando.

ESTUDO DE CASO

Paulo trabalhou por sete anos numa agência de publicidade até chegar a um cargo de chefia. Porém, sentiu que a pressão constante pelo cumprimento de prazos e as noites de trabalho reduziram muito sua qualidade de vida. Ao procurar emprego fora da publicidade, optou por um currículo cronológico, mas foi advertido por um empregador de outra área de que os cargos e empresas citados em seu currículo revelavam pouco sobre sua competência. Paulo avaliou sua carreira, identificou habilidades pessoais e redigiu um currículo funcional, que destacava sua experiência com gerenciamento, liderança e atenção a detalhes. O número de resposta aos currículos enviados cresceu consideravelmente. Hoje, Paulo atua como líder de equipe numa empresa do setor de serviços financeiros.

MUDANÇA DE ABORDAGEM

Não existem dois empregadores (nem dois empregos) iguais. Do mesmo modo, nenhum profissional deixa seu trabalho para desempenhar função idêntica em outra empresa. Por isso, um único currículo não serve para todas as situações. Para atender a cada circunstância, é preciso modificar a abordagem –seja fazendo alterações pequenas, seja elaborando um novo documento . Esse dado é ainda mais importante para quem busca colocação numa nova área –isso implica "vender" o potencial para desempenhar bem uma tarefa, em vez de comprovar um histórico de experiências anteriores. Você deve estar preparado para "moldar" seu currículo para um caso específico, caso esteja interessado em destacar algumas habilidades ou assinalar as experiências buscadas pelo empregador em questão.

59 **Certifique-se de que suas habilidades e conquistas estão em destaque e descritas com clareza.**

58 **O empregador quer conhecer seu potencial.**

PASSO A PASSO

1. Leia todos os anúncios que possam lhe interessar.
2. Assinale as habilidades e a experiência exigidas em cada emprego.
3. Considere a possibilidade de conectar-se à Internet ou obter um e-mail, se julgar importante.
4. Avalie suas metas com regularidade e adapte-as ao andamento de sua carreira.
5. Peça a um amigo que leia e comente seu currículo.

COMO BUSCAR O PRIMEIRO EMPREGO

Nessa fase da vida, o currículo deve mostrar seu potencial, para chamar a atenção do recrutador. Caso tenha de responder a algum questionário, mantenha a abordagem adotada no currículo, com destaque para suas conquistas e habilidades.

60 Seja criativo mas não escape das regras básicas.

PRIMEIRO EMPREGO: CURRÍCULO FUNCIONAL

Comece com sua formação, em detalhe

↓

Resuma as conquistas mais importantes

↓

Especifique o objetivo de sua carreira, se souber

↓

Descreva experiências e habilidades relevantes

61 Lembre-se de que os empregadores buscam entusiasmo e motivação.

SEQUÊNCIA DOS DADOS

Na hora de procurar o primeiro emprego, prefira um currículo funcional. Você terá de listar os detalhes de sua formação, que é sua maior conquista até agora. Avalie as realizações que merecem destaque na vida escolar ou na pessoal e descreva-as de modo que soem interessantes para o empregador. Se você já definiu o objetivo de sua carreira, informe-o na primeira página. Na sequência, dê detalhes a respeito de eventuais experiências profissionais. Mencione habilidades extras, como, por exemplo, conhecimento de tecnologia da informação. Se preferir, reúna esses diferenciais num item à parte.

CERTO E ERRADO

- ✔ Identifique as conquistas que merecem ser citadas.
- ✔ Inclua algum prêmio ou distinção que tenha recebido.
- ✔ Informe os objetivos de sua carreira, se souber quais são eles.
- ✘ Não inclua detalhes desnecessários sobre trabalhos temporários.
- ✘ Evite expectativas irreais.
- ✘ Não desperdice espaço, mesmo que seu currículo fique com apenas uma página.

DIFERENCIAL ▼

O primeiro currículo deve citar sua formação acadêmica. Mas, a menos que ela seja excepcional, dificilmente se diferenciará. Para isso, concentre-se na descrição de suas habilidades e experiência, além da escolaridade.

62 Se você estiver em dúvida entre mais de uma trajetória profissional, elabore dois currículos.

PRIMEIRA PÁGINA

Data de Nascimento: 12 de março de 1977

FORMAÇÃO

1988–1995 Colégio Sucesso Profissional, São Paulo

1993 média de aprovação: 8 (Estatística e Marketing: nota 10)

1995 aprovação com nota 10 em Finanças e Economia

No exterior os candidatos citam as notas, mas no Brasil não é usual

1996–1999 Universidade Sucesso Profissional – Faculdade de Economia e Administração

Graduação	Matérias:	
	Ciências Econômicas	Sociologia
	Econometria	História Econômica
	Economia Brasileira	Economia das Américas

CONQUISTAS

Uma boa variedade de experiências revela iniciativa

- Participação no Centro Acadêmico
- Representação da universidade em eventos esportivos
- Interrupção para estudos, com viagem de oito meses à Europa
- Trabalho temporário para contato com setor de tecnologia da informação
- Liderança em atividades acadêmicas

OBJETIVO DA CARREIRA

Se já estiver decidido, inclua o objetivo de sua carreira

Desenvolver atividade gerencial relacionada ao setor bancário ou financeiro a fim de progredir para um papel de executivo generalista

ÚLTIMA PÁGINA

As experiências relacionadas com a tecnologia da informação merecem destaque

HABILIDADES ADICIONAIS

- Familiaridade com a Internet
- Utilização frequente de PC e bom conhecimento de processadores de texto
- Experiência em atendimento/contato com clientes
- Carteira de habilitação

IDIOMAS: Inglês fluente

Só cite os idiomas em que é fluente

REFERÊNCIAS: Disponíveis mediante solicitação

Como Fazer a Primeira Troca de Emprego

A experiência profissional obtida no primeiro emprego deve servir para aumentar sua confiança na hora de mudar. Você também tende a ter uma idéia mais clara do que deseja de sua carreira e quais as expectativas para a próxima ocupação.

63 Alimente suas expectativas, mas tenha noção das reais possibilidades.

Primeira Troca: Currículo Cronológico

Comece com um resumo de sua formação

↓

Descreva o emprego atual, com destaque para as conquistas

↓

Resuma outras ocupações e inclua suas habilidades

↓

Conclua com outros dados pessoais relevantes

Sequência dos Dados

Caso pretenda continuar atuando na mesma área, opte por um currículo cronológico. Como ainda é recente, sua formação pode interessar ao empregador. Portanto, comece por descrevê-la brevemente. É importante avaliar as experiências profissionais obtidas até essa fase, além de enfatizar suas conquistas –essa, aliás, deve ser a parte central de seu currículo. Seus objetivos de carreira não precisam aparecer no documento, mas você deve refletir sobre o assunto.

Análises e retornos constantes sobre os progressos

Treinamento em tecnologia

Atuação em equipe integrada

Atuação em ambiente estimulante

Promoção a gerente em dois anos

Objetivos Profissionais

64 Passe uma noção positiva de suas experiências profissionais.

▼ INFORMAÇÕES PRIORITÁRIAS

A ênfase de seu currículo mudou: as conquistas pessoais cederam espaço para os destaques profissionais. As realizações mais relevantes da vida pessoal, contudo, ainda merecem citação.

Primeira Página

Idade: 25 anos   Estado Civil: Solteiro   Disposto a mudar de cidade

FORMAÇÃO

Segundo grau: Colégio Princesa Isabel, Porto Alegre
Universidade: Universidade Sucesso Profissional, administração de empresas
Graduação concluída em 1996

Com menos de cinco anos de experiência, a formação ainda é decisiva

CONQUISTAS PROFISSIONAIS

Brinquedos Sansão **1997–hoje**

A empresa importa miniaturas de aeronaves e de veículos destinadas ao mercado de colecionadores. Os artigos chegam ao mercado por meio do departamento comercial da empresa. Faturamento anual de US$ 2 milhões, com 320 funcionários na matriz, em Florianópolis.

Assistente de Gerente de Produto **1998–hoje**

Responsável pela linha de modelos automotivos. Trabalho relacionado ao departamento de criação visual, inclui planejamento de produção, pesquisa e comercialização.

Resultados

- As vendas da nova linha excedem as metas em 20%
- Os produtos foram lançados no prazo e dentro do orçamento previsto
- Planejamento e execução do plano de marketing conjuntamente com a agência de publicidade
- Conclusão do estudo de viabilidade do projeto e apresentação para diretoria
- Identificação e negociação com novo fornecedor na China

Os dados informados têm aspecto positivo e se baseiam em fatos

Treinamento em Gerenciamento **1997–1998**

Promovido pelo departamento de recursos humanos, em Florianópolis, seguido de treinamento intensivo no centro de desenvolvimento da empresa.

Não é preciso informar o treinamento com muitos detalhes

Muitos empregadores apreciam intervalos na carreira

Segunda Página

Projetos Pessoais **1996–1997**

Viagem à Ásia e aos Estados Unidos. Trabalho em restaurantes e num centro de atendimento em Denver, para financiar parte da viagem.

Empregos Temporários **1993–1996**

Durante os dois primeiros anos de universidade, atuação em empregos de meio-período ou nos meses de férias, com o objetivo de custear os estudos. Experiência adquirida nos centros de atendimento ao cliente, trabalhos de recepção e administração de escritório.

A iniciativa de procurar empregos temporários é mais importante do que o trabalho em si

OUTRAS INFORMAÇÕES PESSOAIS

Interesses: squash, leitura (em especial história do século 20), caminhadas, música (piano), contato com colegas da universidade.

Atividades na vida acadêmica: capitão da equipe de squash da universidade. Participação na orquestra da faculdade.

Como Trocar de Emprego ao Longo da Carreira

Com cerca de dez anos de experiência, o currículo torna-se o documento mais importante de sua carreira. Ele deve refletir os direcionamentos dados a sua trajetória e as conquistas que fazem de você um profissional de valor no mercado.

65 Não especifique motivos pelos quais deixou um emprego.

Carreira Avançada: Currículo Cronológico

Comece com um relato breve de seu atual emprego

↓

Faça uma lista completa das conquistas mais importantes

↓

Resuma os empregos anteriores e cargos ocupados

↓

Finalize com relevantes dados pessoais ou sobre a formação

Sequência dos Dados

A menos que você esteja pensando numa mudança radical de carreira, o currículo cronológico é o mais indicado. Uma descrição concisa das responsabilidades passadas e atuais, além de um resumo de suas conquistas, é essencial: o que faz hoje e o desempenho passado constituem a essência do currículo. Detalhes sobre sua formação têm importância menor: a escolaridade e a qualificação devem ser descritas, mas só depois da trajetória profissional. Siga a regra que recomenda "itens importantes no início". Resuma ocupações antigas e dê detalhes completos de seu desenvolvimento profissional.

Pergunte-se

- **P** Que métodos devo usar para encontrar um novo emprego?
- **P** Com quem posso conversar sobre a possível mudança?
- **P** Conheço minhas prioridades pessoais e profissionais?
- **P** Qual a melhor hora de procurar emprego?
- **P** Quanto tempo ainda pretendo ficar no emprego atual?
- **P** Estou disposto a mudar de cidade, de Estado ou mesmo de país?

66 Aproveite todos os contatos sociais e profissionais que tiver.

RESULTADOS ▼

Nesse momento da carreira, o empregador quer se assegurar de sua eficiência –use dados concretos para imprimir profissionalismo ao currículo.

67 **Use verbos no passado (e nunca no gerúndio) ao descrever uma atribuição ou conquista.**

PRIMEIRA PÁGINA

Explicações e números sobre a atividade do empregador ajudam

EXPERIÊNCIA PROFISSIONAL

Electron S.A. **1996–hoje**

Diretor de Recursos Humanos – Divisão Nordeste

A empresa cria e desenvolve semicondutores e equipamentos de medição. A Divisão Nordeste abrange as atividades desenvolvidas em cinco Estados (Bahia, Pernambuco, Ceará, Paraíba e Alagoas) e tem filiais nos demais Estados da região. A divisão conta com 130 funcionários e realizou vendas que totalizaram US$ 15 milhões em 1999.

Uma breve descrição da atuação é vital

Responsável por todas as atividades de gerenciamento em Recursos Humanos. Liderança de 28 profissionais distribuídos em 9 localidades.

Resultados

Mesmo curtos, os pontos abordam várias atividades

- Criação dos departamentos de Recursos Humanos de 5 Estados
- Negociação de benefícios
- Recrutamento de 12 gerentes para as áreas de Recursos Humanos
- Reestruturação da equipe de RH e redistribuição das atribuições
- Orientação da pesquisa de localização para nova unidade de produção
- Definição de nova estratégia de treinamentos

SEGUNDA PÁGINA

A explicação é importante para que o período não pareça ter sido só uma interrupção na carreira

Empregos Temporários **1977–1979**

Antes da viagem realizada após a graduação, atuação em diversos empregos temporários no Brasil e na América Latina

FORMAÇÃO ACADÊMICA

Comece com os dados relevantes de sua formação

Universidade Sucesso Profissional	1989
Universidade Sucesso Profissional – Engenharia	1977
Colégio D. Pedro II, Rio de Janeiro	1966–1974

DESENVOLVIMENTO PROFISSIONAL

Curso de Liderança em Recursos Humanos	PUC/RJ	1997
Treinamento em Tecnologia	UFRJ	1991
Curso de Administração de Recursos Humanos	FGV/RJ	1989
Curso de Desenvolvimento de Pessoal	PUC/RJ	1985

DADOS PESSOAIS

Idiomas: Alemão –fluente, Italiano –para contato comercial

Idade: 44 (Nascimento: 18/8/55)

Esta informação pode ser útil caso o currículo demore a chegar ao destino

Currículo elaborado e atualizado em 18/1/2000

COMO ALTERAR O RUMO DA CARREIRA

Antigamente era comum aspirar a um emprego para toda a vida. Isso mudou radicalmente. Você pode mudar a direção de sua carreira por diversos motivos. Seja qual for a razão, apresente a experiência de modo atraente para o recrutador de outra área.

68 Veja o recomeço como chance de exercer habilidades que aprecia.

MUDANÇA DE RUMO: CURRÍCULO FUNCIONAL

Comece destacando suas habilidades pessoais

↓

Caso tenha, informe seu objetivo de carreira

↓

Resuma sua trajetória profissional

↓

Relacione os cursos recentes e os mais importantes

PARTES SEPARADAS ▼

Mudar de área pode ser difícil. Avalie de antemão se você se encaixa no perfil procurado pelo empregador.

SEQUÊNCIA DOS DADOS

Diversas pessoas que querem mudar de área preferem um currículo cronológico. Com isso, o potencial empregador é obrigado a vasculhar as experiências anteriores (que não se destacam à primeira vista) para saber se o candidato tem as habilidades buscadas. No caso, convém optar por um currículo funcional que destaque suas habilidades e as sustente com dados de sua trajetória profissional. Para isso, é vital que você avalie sua carreira e identifique suas principais habilidades. Lembre-se: os talentos assinalados devem ser de interesse do empregador. Se tiver um objetivo profissional claro, tente mencioná-lo.

69 Conforme a natureza do cargo desejado, destaque algumas de suas diferentes habilidades pessoais.

Identificação das principais habilidades → **Definição dos objetivos profissionais** → **Informação ao empregador de que você é capaz**

MENSAGEM POSITIVA ▼

Enfatize suas principais habilidades –e aborde sua trajetória profissional de modo resumido. Verifique se sua carta de apresentação passa um tom positivo em relação às experiências anteriores, revelando-o aberto a novos desafios.

70 Verifique se está transmitindo a imagem de que a mudança de área é um passo planejado e avaliado.

PRIMEIRA PÁGINA

Relacione as habilidades úteis no desempenho de vários cargos

PRINCIPAIS HABILIDADES

- **Liderança de equipe:** Gerência de equipe de 10–22 pessoas. Interesse por treinamento e acompanhamento. Histórico de conquistas em trabalhos em equipe.
- **Gerenciamento de Projeto:** Gerenciamento da mudança dos sistemas de operação. Reavaliação das atividades e implementação dos novos sistemas.
- **Orientação ao Cliente:** Programa de gerenciamento nas relações com clientes principais. Trabalho desenvolvido conjuntamente com gerentes de atendimento.
- **Organização:** Implantação do centro de atendimento ao consumidor e dos sistemas de aferição de qualidade. Elevado nível de atenção aos detalhes.

Palavras positivas enfatizam as realizações

OBJETIVO PROFISSIONAL

Desenvolvimento de atuação mais ampla no setor de atendimento aos clientes, com experiência no setor de informática.

O objetivo é citado, sem detalhes em demasia

EXPERIÊNCIA PROFISSIONAL

Empresas Lima – Gerência geral **1991–1999**

- Liderança de equipe com 22 engenheiros na área de suporte
- Responsável por recrutamento de pessoal

A trajetória profissional irá refletir alguns elementos das habilidades citadas

SEGUNDA PÁGINA

Empregos Temporários 1981–1982

Antes de curso de especialização, atuação em diversos empregos temporários.

FORMAÇÃO

Universidade Sucesso Profissional – Engenharia Eletrônica 1984

Colégio Castro Alves, Salvador, BA 1973–1981

OUTROS CURSOS

Faculdades Sucesso Profissional/RJ – Gerenciamento Comercial 1997

Instituto Sucesso Profissional/RJ – Liderança de Equipes 1995

Faculdades Reunidas – Como Motivar Equipes 1991

Ao listar os cursos, comece pelos mais recentes

DADOS PESSOAIS

Casado, 2 filhos

Data de nascimento: 11/11/1960

Como Voltar ao Mercado

Assim como quando se busca o primeiro emprego, o profissional que volta ao mercado precisa convencer o empregador de que merece uma chance. É hora de mostrar as conquistas da carreira pregressa e de revelar muita motivação para a volta.

71 Mostre-se em dia com as novidades de tecnologia da informação.

Volta ao Mercado: Currículo Funcional

Comece com um perfil de sua experiência e seus objetivos

↓

Relacione as habilidades pessoais adquiridas durante sua carreira

↓

Informe detalhes sobre sua formação e qualificação

↓

No final, informe suas conquistas e experiências importantes

Sequência dos Dados

Após um tempo afastado do mercado, é difícil que um currículo cronológico atenda a seu objetivo –um currículo funcional se presta melhor a enfatizar suas habilidades e conquistas. Por meio de um rápido perfil pessoal, ajude o empregador a formar uma idéia sobre você. As habilidades que lhe foram úteis antes da interrupção da carreira ainda são importantes. Vale a pena atentar para sua atualização profissional, tanto a específica do setor quanto a mais geral –por exemplo, em tecnologia da informação. O empregador precisa avaliar sua trajetória anterior à pausa na carreira e se convencer de que você está motivado a voltar.

72 Coteje exigências pessoais com o trabalho desejado.

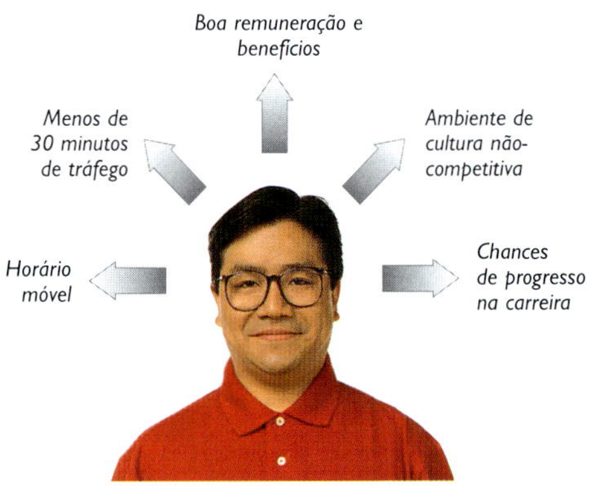

PARÂMETROS CLAROS ▶
Avalie o que o cotidiano profissional precisa oferecer para não entrar em conflito com sua vida pessoal. Tenha cuidado, porém, para não parecer muito inflexível.

REAVALIAÇÃO DOS OBJETIVOS DA CARREIRA

Seja seletivo com as informações que incluir em seu currículo –aborde toda a sua carreira e os eventuais intervalos, mas relate apenas detalhes relevantes.

73 **Demonstre motivação fazendo treinamentos enquanto procura uma nova colocação.**

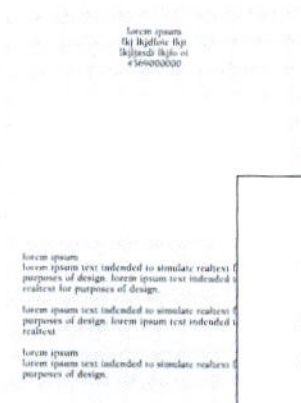

PRIMEIRA PÁGINA

Este perfil inclui um resumo da trajetória profissional e informa os objetivos atuais

PERFIL

Experiência em gerenciamento administrativo e atuação nas áreas de varejo, distribuição e serviços financeiros. Fluência em inglês e francês. Expectativa de desenvolver carreira na área de análise financeira.

HABILIDADES

- Identificação de necessidades de gerenciamento de informação e desenvolvimento de estratégias para elaboração de relatórios de desempenho financeiro.
- Elaboração de relatórios periódicos de desempenho financeiro para informação de diretorias. Experiência em divisões com turnover estimado em US$ 2 milhões.
- Desenvolvimento e criação de programas de comunicação para apoio a gerências não financeiras.
- Seleção e recrutamento de equipes para departamentos financeiros (todos os níveis).
- Gerência e supervisão de treinamento em setores de finanças.

FORMAÇÃO E CONQUISTAS

MBA: Concluído em 1991, Wharton School

Curso de extensão em gerência financeira, Faculdade Sucesso Profissional, 1987.

As habilidades principais são sempre importantes

Não é preciso especificar datas e nomes dos empregadores neste item

Ao voltar ao mercado, sua formação, desde que relevante, pode contar muitos pontos

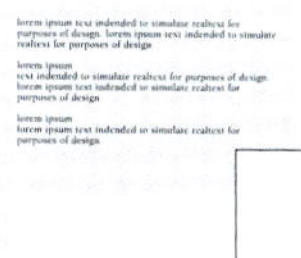

SEGUNDA PÁGINA

Seja sucinto ao dar detalhes de antigos empregos, mas destaque suas conquistas

Trajetória Profissional (cont.)

Barker Ind. Alimentícia
Gerente Financeiro 1988–1992

Promoção a gerente da Divisão Financeira em 1991. Participação em um programa de treinamento, com 5 promoções em 4 anos. Experiência no exterior em estágio realizado nas filiais de Montevidéu e Buenos Aires.

DADOS PESSOAIS

Data de nascimento: 15/7/1966

Casado, 2 filhos

Interesses: natação, fotografia, desenho

Seus hobbies podem atrair a atenção do empregador

O Uso Eficaz do Currículo

O objetivo final de um currículo bem-feito é classificar o profissional para a fase das entrevistas. Para garantir que isso ocorra, envie-o com uma carta adequada para a pessoa certa.

Como Responder a Anúncios de Emprego

Os anúncios de emprego constituem a fonte mais ampla de recrutamento. A concorrência tende a ser dura, e por isso a qualidade de seu currículo será decisiva. A redação da carta de apresentação é tão importante quanto o preparo do currículo.

74 Pesquise sobre a empresa para a qual está enviando seu currículo.

Destaque os anúncios que julga interessantes

A Vaga Certa

Um anúncio de emprego oferece informações limitadas sobre o empregador e sua atuação. O desafio do profissional é descobrir o máximo a partir do texto, analisar as necessidades da firma e julgar se se encaixa na vaga. As chances crescem à medida que suas habilidades mais bem atendem à demanda. Um bom parâmetro é corresponder a 80% das características pedidas no anúncio.

Siga as Instruções

Tenha cuidado ao ler as instruções para resposta. Uma das razões mais comuns para a rejeição de currículos na primeira triagem é o desrespeito às instruções anunciadas. Em muitos casos, pede-se que o candidato inclua uma referência ou especifique suas pretensões salariais. Lembre-se de que dificilmente um empregador vai entrar em contato com você para se informar sobre os itens que faltaram. Além disso, ele certamente recebeu vários currículos que reuniam os dados pedidos.

75 Reforce a eficácia de seu currículo anexando-lhe uma carta adequada.

Diferenças Culturais

Em alguns países, espera-se que a carta que acompanha o currículo seja escrita à mão, mas no Brasil e em empresas norte-americanas isso não se aplica. Já na França, por exemplo, muitos empregadores enviam o documento para a análise de grafologistas.

Certo e Errado

- ✔ Guarde cópias dos anúncios respondidos e anote a data de cada um deles.
- ✔ Verifique se há uma data-limite e respeite o prazo.
- ✔ Escreva uma carta para acompanhar cada currículo.
- ✔ Cheque se seu currículo passa pela primeira triagem.
- ✗ Não se desaponte se não for chamado para uma entrevista: invista em outra frente e concentre-se nela.
- ✗ Não envie currículos aos quatro ventos: primeiro, avalie cada caso com atenção.
- ✗ Não ignore os itens pedidos no anúncio.
- ✗ Não omita dados que foram pedidos.

Primeira Triagem

Você sabe que o selecionador dificilmente dedicará mais de 30 segundos para uma primeira avaliação. Certifique-se de que seguiu os passos abaixo para verificar se seu currículo tem chances de passar pela primeira triagem:

- Você seguiu as instruções do anúncio;
- A apresentação do currículo é boa;
- A linguagem adotada é clara e concisa;
- Você foi objetivo;
- Você demonstrou atenção aos detalhes;
- Você foi criterioso ao incluir só dados relevantes.

76 Limite o número de propostas enviadas por semana.

77 Verifique se o currículo tem só dados relevantes.

ESCREVA UMA BOA CARTA DE ACOMPANHAMENTO

Para atrair os candidatos mais próximos do perfil desejado, o anúncio costuma empregar termos escolhidos cuidadosamente. Ao responder a um anúncio, sua carta tem de deixar claro que você entendeu a natureza do cargo, além de resumir os motivos pelos quais você se julga adequado para a ocupação. A carta da página ao lado reúne os elementos essenciais para responder ao anúncio abaixo. Com uma carta como essa, o currículo tem chances de passar pela primeira triagem.

78 Cite as razões pelas quais se julga apto para assumir a vaga oferecida.

MOSTRE-SE APTO ▶

Ao responder a anúncios de emprego, identifique as habilidades essenciais e a experiência requerida e demonstre que você as preenche. Neste exemplo, as legendas ressaltam os pontos nos quais o candidato deve investir para mostrar-se apto a ocupar o cargo.

O cargo é a primeira pista sobre o emprego. Na sequência, o anúncio detalha a experiência desejada

A empresa tem planos audaciosos –está em expansão e, por isso, os candidatos devem ter entusiasmo por mudanças

São muitas as responsabilidades listadas. Os candidatos devem apresentar habilidades variadas

Para este emprego, a experiência no setor é vital

Gerente-Geral – Treinamento ❶

Fundada há cinco anos, a Empresa de Treinamento Fontana expandiu-se rapidamente e hoje emprega 150 consultores, que atuam nos cinco escritórios distribuídos pelo país ❺. Temos a intenção de dar prosseguimento a nosso plano de crescimento e inaugurar duas filiais no exterior dentro de 6 meses.

Procuramos um Gerente-Geral para administrar duas filiais já em funcionamento. O profissional será responsável pelo andamento dos escritórios ❺ e deverá assegurar o crescimento de nossa participação no mercado. Terá sob sua responsabilidade o desenvolvimento de treinamentos ❼ e as atividades das equipes de vendas ❻.

Exige-se que o profissional tenha vivência na área de treinamentos ❼ ❽ e experiência em ambientes em transformação ❺. Além de excelente visão comercial ❽, espera-se ampla iniciativa administrativa e energia ❹ para gerar resultados ❻. Como requisito básico está a capacidade de gerenciamento e de liderança de equipes ❼, com disposição para a administração de mais unidades ❿.

Se você quiser desenvolver sua carreira ❾ no setor de treinamentos, escreva para: ❷ Cláudio Penna, Diretor de Recursos Humanos, Empresa de Treinamento Fontana. Citar código 18/9DI ❶.

79 Assine as cartas de modo legível.

Legendas

1. *Informação do código de referência e do cargo pretendido no início da carta*
2. *Resposta diretamente à pessoa identificada no anúncio*
3. *Introdução com uma abertura que atraia atenção e demonstre motivação*
4. *Demonstração de interesse –este é um sinal de iniciativa e energia*
5. *Destaque para a compreensão do cargo e das exigências procuradas*
6. *Mostra de conquistas no desenvolvimento comercial –habilidade vital para o cargo*
7. *Destaque para a experiência em liderança de equipes*
8. *Indicação de conhecimento da atividade desenvolvida pelo possível empregador*
9. *Prova de motivação pessoal e expectativa em relação as possibilidades da carreira*
10. *Sinal de comprometimento e empatia: "Quero crescer junto com a empresa"*

Cláudio Penna

Diretor de Recursos Humanos

Empresa de Treinamento Fontana

(1) Gerente-Geral – Treinamento: Ref. 18/9DI

Prezado Sr. Penna: (2)

Na qualidade de experiente gerente de treinamento, fiquei interessado pelo anúncio publicado no "Diário de São Paulo" (3). Depois de uma análise cuidadosa do referido anúncio e de uma busca por mais informações no site de sua empresa (4), creio ter compreendido o perfil do profissional que a Fontana está buscando. Acredito que meu currículo mereça especial atenção pelos seguintes motivos:

(5) Trabalhei em uma empresa em rápido crescimento nos últimos três anos e tenho conhecimento das demandas de tais ambientes.
(6) Atualmente trabalho como responsável pelo desenvolvimento comercial na Velas IKA, na qual lidero uma equipe que superou metas de vendas nos últimos 2 anos.
(7) Liderei a equipe que recebeu menção honrosa há 6 meses.
(8) Com experiência em treinamentos, mantenho contatos com os clientes da empresa e organismos associados ao setor.

O cargo de Gerente-Geral representaria um passo importante em minha trajetória (9) e creio que, dentro da disposição da empresa em continuar crescendo, a Fontana constitui um excelente meio para o desenvolvimento de minha carreira (10).

Aguardo uma oportunidade para mais esclarecimentos.

Atenciosamente,

Como Contatar Firmas de Recrutamento

São os empregadores que contratam as empresas de recrutamento –não para dar consultoria aos candidatos, mas para selecionar o profissional certo para a vaga. Vale a pena saber lidar com as recrutadoras: elas são um atalho para muitos empregos.

80 Considere todos os retornos que receber sobre seu currículo.

81 Anote os contatos realizados com recrutadoras e solicite retornos para elas.

Primeiro Contato

Se você pretende entrar em contato com uma empresa de recrutamento apenas por curiosidade, convém enviar sua proposta para alguém em específico. Em algumas empresas, pode tratar-se da pessoa que inclui os currículos no cadastro. Porém, a melhor alternativa é telefonar para saber o nome do responsável pelo recrutamento em sua área ou no setor no qual você deseja atuar.

Identifique as Empresas de Recrutamento

Tipo da Empresa	Serviço Oferecido
Headhunter Faz recrutamento e seleção para cargos elevados ou de alta gerência.	Normalmente, executa buscas específicas para cada vaga, mas costuma manter um arquivo dos profissionais contatados.
Recrutamento Especial (por Practice) Opera com áreas e níveis mais funcionais e especializados.	Mantém cadastro de candidatos qualificados e tem conhecimento específico a respeito de determinado setor ou profissão.
Consultoria Em geral, procura vagas iniciais ou de média gerência.	Atua localmente no recrutamento menos especializado, embora algumas contem com divisões específicas.

PASSO A PASSO

1. Recorra a listas específicas para encontrar a empresa de recrutamento adequada.
2. Consulte sites de recrutamento na Internet.
3. Verifique as consultorias que anunciam em jornais.
4. Acompanhe as propostas que não foram respondidas.

Escolha o Teor da Mensagem

Ao escrever uma carta de sondagem, você estará submetendo suas habilidades e experiência para análise. Por isso, seja claro. No caso de empresas especializadas em recrutamento e de consultorias, seu objetivo deve ser marcar uma reunião na qual um dos recrutadores poderá avaliá-lo mais de perto. As empresas de recrutamento e seleção, em geral, não dedicam muito tempo a candidatos em sondagem, e preferem marcar entrevistas ou reuniões apenas quando há possibilidade de colocação.

Retornos

Se seu currículo foi rejeitado no primeiro contato, é provável que tenham surgido candidatos mais aptos. Algumas vezes, porém, o profissional se surpreende com a rejeição e espera uma explicação da empresa de recrutamento. Nesse caso, não questione a escolha feita. Em vez disso, peça dados que justifiquem sua exclusão: informe que a resposta pode ajudá-lo a ter melhor sorte no futuro.

Anote o nome de seus contatos, checando a grafia correta

ARQUIVO DE DADOS ▶
A busca por emprego pode durar vários meses. Se você mantiver um bom registro dos contatos e fizer um acompanhamento constante, o processo fluirá melhor.

82 Anote a data de todos os currículos que enviar.

Acompanhamento

Se você enviou uma proposta de sondagem a uma empresa de recrutamento, é normal esperar por resposta. Pode haver uma reunião ou um contato para informar que seus dados estão no cadastro. Caso nada ocorra em três meses, pense na possibilidade de entrar novamente em contato. O importante é manter seus dados atualizados.

83 Na carta e no currículo, use frases curtas e claras.

84 Escreva as cartas à mão apenas se isso for pedido.

COMO ELABORAR A CARTA DE SONDAGEM

Coloque-se no lugar do recrutador e lembre-se de que ele deve receber centenas de cartas desse tipo por semana. Logo na abertura do texto, seja positivo. Para conseguir a atenção do leitor, pode ser interessante começar a frase com "vocês" ou "sua/seu" –por exemplo, "Sua empresa desfruta uma reputação de..." ou "Vocês constituem uma das poucas empresas...". A carta deve incluir, de forma sucinta, alguns aspectos do currículo, além de informar o motivo pelo qual você julga merecer atenção. Faça uma proposta clara, que não deixe dúvidas quanto a seus objetivos, mas que não restrinja demais suas possibilidades.

Mariana Cintra
Empresa de Recrutamento "Gente"

O endereçamento a uma pessoa específica é muito importante

Cara Mariana Cintra:

Sua empresa desfruta excelente reputação na área de recrutamento.

Os elogios podem funcionar, mas evite exageros: eles podem soar como mera bajulação

Com experiência de 5 anos na área, creio ter chegado ao momento de ocupar uma colocação como controller de finanças. Anexado, segue meu currículo, na certeza de que sou apto para a ocupação, pelos seguintes motivos:

- **Formação acadêmica na área**
- **5 anos de experiência**
- **3 anos em cargos da indústria**
- **Mobilidade total**

Os sinais gráficos indicam os pontos fortes do candidato e resumem sua situação profissional atual

Espero que sua empresa dedique atenção a minhas atribuições e aguardo uma oportunidade para encontrá-los e discutir as possibilidades.

Depois de especificar os objetivos da carreira, a carta termina com um convite para uma resposta

Atenciosamente,

▲ MENSAGEM CLARA

Esta é uma carta direta e objetiva, com linguagem concisa. Informa os pontos positivos do candidato e o tipo de trabalho ao qual ele se julga apto.

85 Mostre confiança ao relatar seus conhecimentos específicos.

O uso do nome correto e do cargo denotam atenção a detalhes

Na abertura, relato da situação atual e das conquistas

Não é preciso entrar em detalhes para explicar a busca de novo emprego

Sr. B. Monteiro
Busca Certa Recrutamento

Caro Sr. Monteiro:

Na qualidade de diretor de produção da March Plásticos, conduzi nos últimos 5 anos uma revolução na manufatura de nosso principal produto: artigos para cozinha. Porém, a próxima fase deste projeto concentra-se na consolidação, e por isso os desafios serão menores. Assim, decidi buscar outra colocação.

A experiência recebe destaque

Como demonstra meu currículo, tenho ampla experiência em manufatura e há 8 anos atuo no nível de diretoria. Por meio de colegas, soube que esta empresa de recrutamento se ocupa de casos semelhantes, e por isso gostaria que minha proposta fosse considerada em futuras oportunidades.

O objetivo da carta é "vender", mas sem um tom adulador

A inclusão do salário atual revela a faixa pretendida

Minha remuneração atual é de R$ 10 mil, além de benefícios compatíveis com o cargo. Tenho preferência por atuar na mesma cidade, mas coloco-me à disposição para trabalhar também em outra localidade do país.

A carta informa preferência de local de atuação, mas revela flexibilidade

Apreciaria uma oportunidade para discutir as possibilidades e dirimir dúvidas.

Formalidade ao terminar a carta, pois não se conhece o destinatário em pessoa

Atenciosamente,

86 Os recrutadores especializados conhecem bem o setor e notam quaisquer exageros ou mentiras.

▲ CONTATO COM HEADHUNTERS

Uma carta consistente e um currículo bem preparado podem fazer seu nome entrar na agenda dos headhunters *("caçadores de cabeças"), que se destacam de outras empresas de recrutamento por procurar, em geral, profissionais para cargos mais elevados.*

Como Sondar Vagas

A estratégia de sondagem consiste em contatar um possível empregador sem nem saber se ele tem vagas para preencher Caso consiga abordar as pessoas certas no momento exato, você pode, no mínimo, ampliar as chances para um contato direto.

87 Inclua um resumo de sua carreira ao fazer uma sondagem.

Seja educado ao falar pelo telefone com possíveis colegas

Consulte revistas especializadas para identificar empresas

Possíveis Empregadores

Ao avaliar sua carreira e identificar objetivos,você se torna apto a indicar os setores em que gostaria de atuar. Faça uma pesquisa informal para obter uma lista de possíveis empregadores.

Em sua maioria, as grandes empresas contam com dados sobre recrutamento em seu site na Internet. Publicações especializadas também podem ser de grande valia para o início de sua sondagem.

Desenvolvimento de uma Proposta

Ao escrever para um empregador, é preciso expor exatamente o que deseja oferecer a ele e relatar suas intenções com clareza. Não faz sentido enviar um currículo que passe uma mensagem do tipo "pensei que, se, por acaso, vocês tiverem interesse...". É preciso informar em que deseja atuar e quais os motivos. Para isso, torna-se indispensável citar suas qualificações e, se possível, por que escolheu aquela empresa em particular. Seja confiante e determinado. Evite a adulação a qualquer custo, pois ela pode dar a impressão de que você é um oportunista.

Proposta aos Empregadores

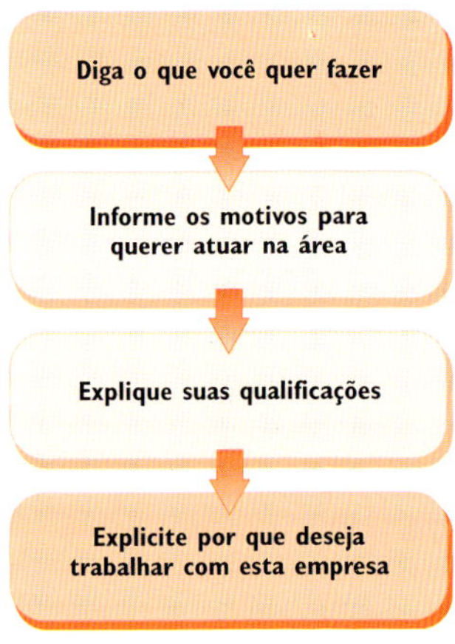

88 Informe seus objetivos, mas não crie limitações.

89 Mantenha registro das propostas sem resposta.

Descubra Sobre Quem Contatar

Sua proposta correta precisa chegar à mesa certa. Os departamentos de pessoal ou de recursos humanos em geral sabem das vagas disponíveis, mas isso não garante que enviarão sua carta ao gerente responsável. O melhor a fazer é identificar a pessoa certa e enviar-lhe o currículo. Caso deseje trabalhar para o diretor de marketing, não hesite: escreva diretamente para ele. Mas tenha cuidado quando a pessoa certa ocupa um cargo da alta hierarquia –no caso, há grandes chances de sua mensagem ser simplesmente ignorada.

Respostas

É provável que você receba correspondência acusando o recebimento das cartas. Porém, não conte com isso. Ao enviar sondagens, inclua no texto a possibilidade de um contato seu, por telefone, para saber se haverá necessidade de uma reunião. Desde que sem exageros, trata-se de uma atitude positiva e pode estimular uma resposta.

90 Demonstre que está motivado, mas sem exageros.

Pergunte-se

- **P** Estou considerando todas as rotas rumo ao novo trabalho que estão abertas para mim?
- **P** Estou enviando o currículo certo para a pessoa certa?
- **P** Os questionários estão recebendo a mesma atenção e cuidado dispensados ao currículo?
- **P** Devo me preparar para possíveis testes?
- **P** Consigo passar uma idéia de motivação?

Preenchimento de Questionários

Às vezes, o empregador remete ao candidato um questionário ou formulário a ser preenchido e enviado de volta –lembre-se de que isso é melhor do que ter sua proposta recusada de imediato. Leia atentamente antes de começar a preencher o documento. Caso as perguntas sejam direcionadas, tente entender o que o recrutador pretende descobrir: por exemplo, as questões induzem você a demonstrar suas habilidades? Espaços reservados para "informações adicionais" constituem uma oportunidade para você "se vender". Use a análise de suas habilidades e os objetivos profissionais para elaborar seus comentários.

91 Descubra o nome da pessoa que pode lhe dar o cargo que procura.

92 Lembre-se: o resumo da carreira não deve ter mais de 50 palavras.

"VENDA" SUA IMAGEM AO EMPREGADOR

Um dos documentos mais difíceis de ser escritos é a carta em que você tem de "se vender" para o potencial empregador. Pesquise informações sobre a empresa e as utilize na abertura do texto. Outra opção é começar a carta com uma afirmação segura, que destaque suas habilidades. Por exemplo: "Cobrar clientes para garantir o pagamento em dia não é tarefa fácil, mas passei 10 anos fazendo exatamente isso". Na sequência, você deve resumir os elementos principais de seu currículo e citar as razões pelas quais deseja atuar na empresa. Para encerrar, proponha qual pode ser o próximo passo.

O tom formal demonstra respeito por quem pode vir a ser seu chefe

Sr. F. Moreira
Controle Financeiro
Mogi de Dentro

Prezado Sr. Moreira:

Passo todas as manhãs por Mogi de Dentro e soube de diversas fontes que esta empresa é um dos principais empregadores locais. Envio esta carta para verificar se há disponibilidade de vagas para supervisor de controle de crédito ou, caso contrário, se minha proposta pode ser considerada para uma oportunidade futura.

Abertura positiva e elogiosa

É improvável que haja vagas. Por isso, esta ressalva tem importância

Como se pode comprovar em meu currículo, tenho boa experiência no controle de pagamentos e fiz cursos para aperfeiçoar minhas qualificações.

O trecho revela conhecimento da parte mais importante do trabalho e propicia que você mostre motivação

Apreciaria dispor de uma oportunidade para discutir a questão e entrarei em contato na próxima semana para verificar essa viabilidade.

Deixa claro que há interesse em acompanhar a proposta

Atenciosamente,

cc. Sr. Melo, Depto. de Pessoal

Enviar uma cópia ao departamento de pessoal soa como uma cortesia

◀ CARTA PARA UM EMPREGADOR LOCAL

O destinatário desta carta pode não ser um recrutador experiente, mas saberá quais são as demandas de seu setor. Esta carta deixa claro por que o candidato se julga adequado para determinado cargo.

Esta abertura traz diversos pontos positivos. Um real interesse na empresa se traduz pelo conhecimento de suas maiores conquistas

Esta consideração deixa claro o equilíbrio entre entusiasmo e senso de realidade

Esta relação de itens concisos deixa claro que o candidato tem consciência das habilidades e experiência que o empregador procura

A abordagem é educada e deixa ao empregador a alternativa de recusar, caso não esteja interessado

Sra. Maria Clara Mendes Souza
Consultora
PG Recursos Humanos

Prezada Sra. Mendes Souza:

Seu sucesso recente ao ganhar o contrato com a Lima e Silva Informática mereceu destaque nas publicações de recursos humanos. Em 10 anos de carreira na área, acompanhei o desenvolvimento desta empresa de consultoria e venho pela presente demonstrar meu interesse em fazer parte do quadro de consultores –no momento ou num futuro próximo.

Como se pode comprovar em meu currículo, acumulei ampla experiência em recursos humanos/gerenciamento de pessoal:

- 5 anos de atuação em recursos humanos (gerência)
- Especialização em benefícios
- Experiência em 3 setores da indústria
- Histórico de êxito em situações de mudança

Apreciaria muito uma oportunidade de discutir meu interesse pela PG Recursos Humanos. Assim, entrarei em contato na próxima semana para verificarmos a possibilidade de uma reunião.

Atenciosamente,

93 Guarde cópias das cartas que enviar.

94 Não use humor: você pode ser mal-interpretado.

▲ DE OLHO NAS NOTÍCIAS

Esta carta foi propiciada por uma notícia veiculada pela imprensa. Esteja atento ao que acontece em sua área, a fim de reunir elementos que lhe dêem mais segurança nas entrevistas.

Certo e Errado

✔ Tenha paciência: os destinatários podem estar ausentes ou ocupados.

✔ Seja específico ao citar expectativas.

✔ Demonstre conhecimento sobre a empresa ou setor.

✘ Evite ilusões: a maioria das empresas pode não estar recrutando.

✘ Não fique desapontado se não receber uma resposta.

✘ Não seja insistente demais.

Como Usar a Internet

A Internet é um meio de recrutamento em ascensão: os e-mails se tornaram ferramenta de trabalho na área. Pela rede mundial, você tem acesso a empregos em todo o mundo. Por se tratar de um recurso amplo, o candidato deve ser seletivo ao usá-lo.

95 Tenha cuidado ao enviar informações confidenciais por e-mail.

96 Use um verificador ortográfico para detectar erros em suas mensagens.

Mudança Tecnológica

A Internet está revolucionando o modo de conduzir negócios em diversos campos. Na área de recrutamento, porém, as regras permanecem as mesmas. Seu próximo trabalho provavelmente virá por meio de anúncios, rede de contatos ou dados seus mantidos em algum cadastro. Mas vale a pena ficar de olho na Internet: rapidamente, ela amplia o acesso e as oportunidades de trabalho.

Busca de Emprego na Internet

Tipo de Site	Como Usar o Site
Site de Emprego Há sites de emprego de todos os tipos, especializados ou não. Alguns são simples "murais".	Os grandes sites de recrutamento oferecem vagas em diversos países. Limite sua busca selecionando o local de atuação ou o cargo que lhe interessa. Muitos contam com mecanismos de busca para ajudar na pesquisa.
Site de Empresa São específicos de cada empresa, em geral com fins promocionais, mas podem incluir as vagas abertas.	Cada vez mais as empresas implantam sites na Internet. Eles constituem uma boa fonte de informações básicas sobre a empresa. Alguns chegam a anunciar vagas e a instruir o visitante a deixar seus dados para contato.
Site de Cadastro Cada vez mais comuns, são organizados por empresas de recrutamento.	Esses sites costumam propor longos questionários online, com o objetivo de fazer um perfil de suas habilidades, que depois são comparadas com as necessidades dos empregadores. É provável que você receba retornos sobre seu perfil.

USO EFICIENTE DO E-MAIL

O e-mail oferece grandes vantagens graças a sua rapidez e simplicidade, mas convém ter cuidado. A maioria dos sistemas de envio confirma automaticamente o recebimento de mensagens que foram abertas e lidas. Como uma proposta de trabalho constitui um documento importante, esse recurso é essencial para quem remete a correspondência. Use o e-mail como a carta de acompanhamento, pois trata-se da primeira coisa que o potencial empregador vai ler. Certifique-se de que sua mensagem recebeu o cuidado adequado –o mesmo que você dispensaria se enviasse uma proposta pelo meio convencional.

SITE DE RECRUTAMENTO PELA INTERNET

Selecione os sites mais condizentes com sua busca

↓

Registre seus dados

↓

Visite o site com frequência para checar o andamento

↓

Atualize seus dados a cada três meses

Antes de enviar o e-mail, certifique-se de que anexou o arquivo correto

ENVIO ELETRÔNICO

O modo eletrônico mais seguro de enviar seu currículo é anexá-lo a seu e-mail –prefira mandar o arquivo gravado num programa comum, para que o destinatário tenha como abri-lo. Observe ainda as diferentes convenções na disposição visual da página, sobretudo no que se refere ao formato. Evite remeter seu currículo no corpo do próprio e-mail –além de prejudicar a apresentação visual, isso implica riscos ao sigilo do documento.

ENVIO PELA INTERNET

Quem deseja facilitar a localização de seu currículo na rede mundial de computadores pode colocar o documento numa home page própria e incluir seus links em sites de busca. Para a maioria das pessoas, essa opção exige ajuda de especialistas –mas representa um moderno mecanismo de autopromoção.

97 Certifique-se de que seu currículo eletrônico reflete bem sua imagem.

Como Organizar a Busca do Emprego

Para a maioria, a busca de um novo emprego pode durar vários meses. É preciso ser organizado e saber receber retornos, positivos ou não. Todo o processo exige tempo, mas é uma experiência que pode ensinar muito sobre você mesmo.

98 Ao retomar um contato, cheque se a pessoa ainda atua na empresa.

Registro dos Envios

A partir da data de envio do primeiro currículo, comece a registrar todas as suas propostas. Anote a data de envio e o nome do destinatário e guarde cópias dos anúncios e das cartas de acompanhamento. Com esses dados à mão, será mais fácil acompanhar os retornos. Esse registro também o ajudará a decidir se é hora de retomar o contato, sobretudo nos casos em que não recebeu nenhuma resposta.

Mantenha um registro das pessoas contatadas e da data do envio num "diário" próprio

99 Não encare as recusas como algo pessoal.

100 Prepare-se adequadamente para as entrevistas.

Saiba Lidar com a Rejeição

Sempre que envia uma proposta, o candidato "anexa" esperanças. Porém, são muitas as chances de uma resposta negativa –e é preciso saber aceitá-la. Na realidade, qualquer que seja sua qualificação, existem outros candidatos tão ou mais preparados do que você. De todas as qualidades que se deve ter na hora de procurar uma colocação, a persistência é a mais importante. O objetivo de seu currículo é levá-lo a uma entrevista. Cada vez que isso ocorrer, comemore: trata-se de uma pequena vitória.

NOVOS CONTATOS

Dentro das empresas e das consultorias, as coisas acontecem rápido e a memória é curta. Com seu registro de envios, você pode controlar os contatos feitos, quais as datas e as respostas obtidas. Talvez você prefira contatar uma pessoa diferente da segunda vez ou, caso tenha recebido uma resposta animadora na primeira tentativa, queira enviar um currículo atualizado após dois ou três meses. Contatar a empresa todas as semanas é exagero, mas uma ligação a cada três meses pode aumentar suas chances de sucesso.

101 Comemore cada convocação para entrevistas.

Mantenha-se confiante durante o processo de envio de currículos e nas entrevistas

O registro dos contatos feitos irá ajudá-lo a identificar o momento de nova abordagem

CURRÍCULO REVISTO, AVALIAÇÃO CONSTANTE

Mesmo depois de terminar a busca do emprego e já instalado em nova colocação, lembre-se de rever seu currículo. Reserve tempo para revisá-lo duas vezes ao ano, adicionando as conquistas e os progressos profissionais. Um currículo em dia ajuda a visualizar a evolução profissional e a identificar os pontos que precisam de aperfeiçoamento –além de tornar mais fácil a próxima mudança de emprego.

Algumas cartas informam que você não foi selecionado

TESTE SUAS HABILIDADES

Por meio deste teste, você vai ter uma idéia mais clara sobre suas habilidades. A parte mais importante da avaliação está em descobrir a relação entre o que considera seus pontos favoráveis e seus aspectos negativos. Responda com honestidade: tente optar pelas alternativas 1 ou 4 e assinale as respostas 2 ou 3 quando tiver dúvida. As respostas ajudarão a compor seu perfil, numa análise feita nas páginas 68 e 69. A partir daí, você terá mais facilidade em desbravar seus caminhos profissionais.

CONTAGEM

1 Nunca

2 Às vezes

3 Várias vezes

4 Sempre

1 Eu sei motivar pessoas e dar-lhes responsabilidades para a conquista de metas.

1 2 3 4

2 Eu costumo planejar e organizar meu tempo e as tarefas que executo.

1 2 3 4

3 Eu sou cuidadoso nas abordagens e tento garantir padrões de qualidade.

1 2 3 4

4 Eu ganho a colaboração dos outros porque consigo argumentar bem.

1 2 3 4

5 Eu tenho domínio das habilidades exigidas em minha carreira.

1 2 3 4

6 Eu analiso bem as questões para facilitar a solução dos problemas.

1 2 3 4

7 Eu falo com clareza e confiança para grupos ou pessoas individualmente.

1 2 3 4

8 Eu escrevo com clareza e recebo elogios por minha comunicação escrita.

1 2 3 4

9 Eu persigo objetivos comerciais e procuro agregar valor a minhas tarefas.

1 2 3 4

10 Eu sou criativo e muitas vezes questiono os métodos tradicionais de trabalho.

1 2 3 4

11 Eu tomo iniciativa em projetos com frequência e estou sempre pronto a decidir.

1 2 3 4

12 Eu compreendo as implicações e o impacto a longo prazo das decisões.

1 2 3 4

13 Eu presto atenção às necessidades dos outros e gosto de atuar com colegas.

1 2 3 4

14 Eu consigo me adaptar a mudanças e atender a novas necessidades.

1 2 3 4

15 Eu sou capaz de manter a calma sob pressão e de lidar bem com os obstáculos.

1 2 3 4

16 Eu trabalho arduamente porque tenho ambições de progresso profissional.

1 2 3 4

Analise seu Perfil

Ao colocar as respostas da avaliação no quadro ao lado, você terá uma visão clara de suas habilidades. Desse modo, poderá enfatizar os pontos favoráveis e decidir como lidar com os aspectos que precisam ser melhorados.

Montagem do Perfil

Para montar seu perfil, faça uma cópia do quadro da página ao lado. Marque com um X a pontuação de 1 a 4 da primeira coluna, de acordo com as respostas dadas no teste das páginas anteriores. Faça um traço unindo as marcas. Observe o resultado: nos locais em que a linha se precipita para a esquerda você verá os pontos menos favoráveis; projeções para o lado direito revelam aspectos positivos. Ao preparar seu currículo, destaque as habilidades positivas, pois são elas que o colocarão no novo emprego. Ao conhecer seus talentos, você pode usá-los a seu favor –enquanto tenta melhorar seus pontos fracos.

▼ RESULTADOS

Ao completar o quadro, você terá uma indicação clara de seus aspectos fortes e fracos. A contagem também pode ajudá-lo a aproveitar suas habilidades e a lidar com seus pontos fracos.

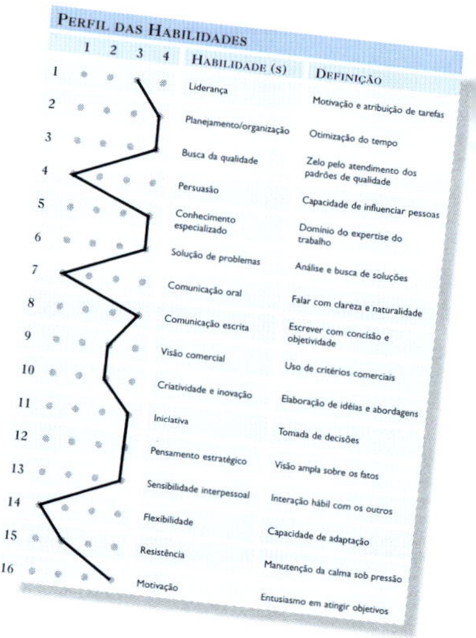

Pontos Fracos

Existem dois modos de lidar com os aspectos desfavoráveis: você pode conviver com eles ou superá-los. Sua abordagem vai depender de tais habilidades serem essenciais ou não para o trabalho que você deseja desenvolver. É provável que diversos pontos fracos estejam relacionados com áreas nas quais uma falta de expertise não inviabilize suas expectativas –ou que revelem apenas pouca afinidade com certas tarefas. Convém evitar as incumbências que você não aprecia. Já as habilidades necessárias para preencher suas ambições profissionais devem ser trabalhadas por meio de treinamento ou desenvolvimento pessoal. Se quiser ampliar suas chances de sucesso, invista na decisão de aprimorá-las.

PERFIL DAS HABILIDADES

	1	2	3	4	HABILIDADE (S)	DEFINIÇÃO
1	●	●	●	●	Liderança	Motivação e atribuição de tarefas
2	●	●	●	●	Planejamento/organização	Otimização do tempo
3	●	●	●	●	Busca da qualidade	Zelo pelo atendimento dos padrões de qualidade
4	●	●	●	●	Persuasão	Capacidade de influenciar pessoas
5	●	●	●	●	Conhecimento especializado	Domínio do expertise do trabalho
6	●	●	●	●	Solução de problemas	Análise e busca de soluções
7	●	●	●	●	Comunicação oral	Falar com clareza e naturalidade
8	●	●	●	●	Comunicação escrita	Escrever com concisão e objetividade
9	●	●	●	●	Visão comercial	Uso de critérios comerciais
10	●	●	●	●	Criatividade e inovação	Elaboração de idéias e abordagens
11	●	●	●	●	Iniciativa	Tomada de decisões
12	●	●	●	●	Pensamento estratégico	Visão ampla sobre os fatos
13	●	●	●	●	Sensibilidade interpessoal	Interação hábil com os outros
14	●	●	●	●	Flexibilidade	Capacidade de adaptação
15	●	●	●	●	Resistência	Manutenção da calma sob pressão
16	●	●	●	●	Motivação	Entusiasmo em atingir objetivos

ÍNDICE

A

adaptação de seu currículo 38–39
Alemanha, diferenças culturais 23
análise da carreira 8
anúncios de emprego, como responder a 10, 50–53
apresentação 34–35
- e-mails 63
- fonte, escolha da 34
- leitura eletrônica 14
- modelos, uso de 35
- papel e envelopes 35
- tamanho das fontes 35

B

busca de emprego
- registro das propostas 64–65
- rotas possíveis 10–11

C

cadastros, Internet 62
cargo, como citar 31
carreira
- análise da 8–9
- intervalos 48–49
- objetivos 9
- sumário da 29

carta de acompanhamento
- escrever 52–53
- linguagem 28
- pretensão salarial 36
- primeira impressão 20
- seleção de currículos 14
- sondagens 56–57, 60–61

coerência cronológica 32
comunicação 17
confiança, em entrevistas 37
conquistas
- como apresentar suas qualificações 26
- descrição 30
- habilidades pessoais 18–19
- primeira troca de emprego 42–43
- primeiro emprego 40
- troca de emprego ao longo da carreira 44–45

conquistas pessoais 18
contatos
- empresas de recrutamento, contato com 54
- rede de 11
- refazer 65
- sondagem 59

criatividade 17
cultura da empresa 15
currículo de uma página 7
currículos funcionais 7
- como alterar o rumo da carreira 46–47
- como voltar ao mercado 48–49
- primeira impressão 20
- primeiro emprego 40–41

D

departamento de pessoal, envio de currículos para 11, 59
descrição
- como como se descrever 30–31

desemprego 32
diferenças culturais 23
- número de páginas 6
- resposta a anúncios 51

direcionamento do currículo 14–15
discriminação 25

E

e-mail
- endereço 23
- escolha da fonte 34
- leitura eletrônica de currículos 14
- uso eficiente 63

emprego
- anterior 33
- como buscar o primeiro 40–41
- como trocar de emprego ao longo da carreira 44–45
- primeira troca de emprego 42–43

empresas de recrutamento
- acompanhamento 55
- cartas de sondagem 56–57
- contato com 10, 11, 54–57
- novo contato 65
- retorno 55
- tipos de 54

endereços 23
entrevista, dados do currículo 7, 37
envelopes, escolha de 35
estado civil 24
Estados Unidos
- diferenças culturais 6, 23
- e-mails 63
- *résumés* 6

estilo pessoal 22
estratégias de ação, como escolher 12–13
Europa, diferenças culturais 6, 23
experiência 28–33
- como alterar o rumo da carreira 46–47
- como se descrever 28, 30–31
- como voltar ao mercado 48–49
- primeira troca de emprego 42–43
- sumário da carreira 29
- troca de emprego ao longo da carreira 44–45

F

flexibilidade
- estratégia 13
- habilidades pessoais 17

formação
- busca do primeiro emprego 40
- descrição 26–27
- formulários, preenchimento de 59
- primeira troca de emprego 42
- troca de emprego ao longo da carreira 44

fotografias, inclusão 23, 36

H

habilidades
- adaptação do currículo 38
- avaliação 66–67
- como alterar o rumo da carreira 46–47
- como apresentar suas qualificações 26–27
- como voltar ao mercado 48–49
- habilidades, entenda suas 16–19
- identificação 16–19
- "molde" seu currículo 38